会计仿真实训教程

U0368280

管理会计实训

会计仿真实训平台项目组 编著

清华大学出版社

北京

内 容 简 介

本书根据管理会计岗位的实际工作需要,安排实训内容,共 11 个项目:管理会计总论,成本性态分析,变动成本法,本量利分析,经营预测分析,短期经营决策,长期投资决策,全面预算管理,标准成本控制,责任会计和作业成本法。学生通过本课程体系线下学习和在线配套账号实训,可以掌握管理会计岗位所需的基本技能。

本书作为"基于仿真实训与学习过程管理的财经实务技能开发系统"项目的配套成果之一,充分体现了业务仿真、突出技能的特色。

本书可作为高职高专、应用型本科会计及相关专业教学用书,也可作为函授、夜大及成人高校会计及相关专业教学用书,还可供自学者自学使用。

图书在版编目(CIP)数据

管理会计实训/会计仿真实训平台项目组编著. —北京:清华大学出版社,2018(2024.2重印)
(会计仿真实训教程)
ISBN 978-7-302-49346-4

Ⅰ. ①管… Ⅱ. ①会… Ⅲ. ①管理会计－职业教育－教材 Ⅳ. ①F234.3

中国版本图书馆 CIP 数据核字(2018)第 014887 号

责任编辑:左卫霞
封面设计:毛丽娟
责任校对:赵琳爽
责任印制:丛怀宇

出版发行:清华大学出版社
网　　　址:https://www.tup.com.cn,https://www.wqxuetang.com
地　　　址:北京清华大学学研大厦 A 座　　邮　编:100084
社　总　机:010-83470000　　邮　购:010-62786544
投稿与读者服务:010-62776969,c-service@tup.tsinghua.edu.cn
质 量 反 馈:010-62772015,zhiliang@tup.tsinghua.edu.cn
印 装 者:大厂回族自治县彩虹印刷有限公司
经　　销:全国新华书店
开　　本:185mm×260mm　　印　张:8　　字　数:192 千字
版　　次:2018 年 9 月第 1 版　　印　次:2024 年 2 月第 6 次印刷
定　　价:58.00 元

产品编号:074159-01

丛　书　序

　　信息技术的发展正深刻改变着职业教育的教学模式,职业院校的师生迫切需要更加多样化的在线教学平台。"清华职教"(www. qinghuazhijiao.com)是在认真调研、精准把握职业院校课程改革以及在线教学需求的基础上,由清华大学出版社开发的,融虚拟仿真实训、富媒体教学资源、在线评测于一体的职业教育理实一体化课程平台。"清华职教"的在线课程除了传统的理论课、考证课之外,最大特色在于利用仿真技术开发的会计实训课。

　　"清华职教"旨在解决职业院校理论教学与实训教学相脱节、实训教学内容与企业真实业务不匹配的弊端,帮助学生真正提高实务操作技能,快速具备上岗能力。该项目于2014年被批准为新闻出版改革发展项目库入库项目,并获得财政部文化产业发展专项资金支持。

　　"清华职教"目前上线课程涵盖会计专业的主干实训课程和财经大类的部分理论课程。在线课程与纸质教材相配套,实现了理论课程与实训课程的相互配套,线上仿真实训与线下真账实操的相互融合。

　　"会计仿真实训教程"系列教材是"清华职教"所开发的13门实训课程的配套实训教材,分别是出纳实训、纳税实训、审计实训、基础会计实训、财务会计实训、成本会计实训、税务会计实训、会计综合实训、财务管理实训、管理会计实训、会计电算化实训、财务报表分析实训、财经法规与会计职业道德实训。

　　"清华职教"会计仿真实训平台及配套教材具备以下八个方面的功能与特色。

1. 贴近岗位要求

　　根据不同会计岗位要求和课程特点,精选典型实训业务,如"出纳实训"除常规的现金、银行等业务仿真操作外,还提供了模拟网银操作;再如"纳税实训",学生可登录模拟国税和地税局网站进行纳税申报;再如"会计电算化实训",平台也实现了电算化模拟操作。

2. 虚拟仿真操作

　　无论是原始凭证、记账凭证还是各类账簿、报表等,全都与真实业务中的最新版本一样,学生不用进入企业实习就可以接触到真实的业务场景和单据,在线进行虚拟仿真操作:填写记账凭证;登记账簿;编制报表;画线;盖章;生成支付密码等。

3. 智能比对答案

　　学生在线完成实训业务后,点击"提交答案",如填写有误系统会自动"报错"(以红色块标示)。错误之处可以重新填写,直至答对。学生也可以查看"正确答案",自主分析错误原因;还可以将填写内容全部清空,然后重新填写,反复实训。

4. 实时反馈成绩

每门实训课程的首页会根据学生实训进度和答题正确率,实时反馈学习成绩,生成综合报告,以便学生整体把握实训成绩。教师也可以在线组建班级,动态跟踪本班全部学员的实训情况。

5. 理实一体开发

实训课程通过"外部课程"链接与理论课程建立关联,充分实现理实一体的设计理念,服务职业院校理实一体化教学。

6. 内容体系科学

实训课程内容在充分体现会计岗位要求的基础上,按照职业院校会计专业的教学计划和课程标准,采用"项目—任务—业务"的编排体系,符合职业教育的教学规律。

7. 课程资源丰富

全部实训任务在线提供 PPT 课件,重难点任务还提供视频和微课讲解。学生实训时可以对照课件和视频,边学习边实训。

8. 线上线下结合

全部 13 门实训课程都配套出版纸质教材,提供仿真单据簿和各类账证表。学生通过教材附赠的序列号即可登录平台进行在线学习与实训,从而实现了线上学习与线下学习的结合,线上实训与手工实操的互补。

"清华职教"会计仿真实训平台的开发和配套教材的出版,是清华大学出版社在互联网教育领域的新尝试,是基于互联网提供会计课程整体解决方案的新做法,我们衷心期待这套产品的使用者给我们提出宝贵的意见和建议,以便我们的创新能够走得更稳;也衷心期待有志于互联网会计教学改革的院校和教师与我们一起,共同开发更符合院校特色专业建设要求的定制平台,共同打造会计教学的新模式。

"清华职教"将努力打造更多样的仿真实训课程、更精品的专业课程资源、更智能的数字学习方式,让教育者不再为缺乏教学资源而苦恼,让学习者真正学到有用的技能,让课堂学习不再与社会需求脱节。

会计仿真实训平台项目组

2017 年 12 月

前　言

　　管理会计作为帮助决策者做出各种专门决策的一个会计分支,在企业的财务管理活动中起到越来越重要的作用。现代管理会计的职能从财务会计单纯的核算扩展到解析过去、控制现在、筹划未来,这三方面的职能有机结合起来,形成一种综合性的职能。管理会计是会计学科体系中的一个重要组成部分。随着时代的发展和现代企业的变革,管理会计不断向着更深层次发展,也对管理会计的教学提出了更高的要求。然而,目前管理会计课程的教学内容、形式、手段等多方面仍难以跟上现代复合型应用人才的培养要求,与企业管理会计的岗位需求也存在一定的差距。

　　为辅助管理会计教学,提高学生将所学理论知识运用于实务操作的能力,我们编写了《管理会计实训》一书。本书以企业的经济活动为例,按照管理会计岗位的要求设计实训项目和任务,素材丰富,资料翔实,实训内容具有实用性和可操作性。通过实训,可以提高学生对管理会计岗位的理解,提高实际操作技能。

　　本书在框架设计上遵循由浅入深、循序渐进的原则,实训内容涉及管理会计的基本方法,包括成本性态分析、变动成本法和本量利分析;涉及规划与决策会计,包括经营预测分析、短期经营决策、长期投资决策和全面预算管理;涉及控制与业绩评价会计,包括标准成本控制和责任会计;涉及作业成本法在管理会计中的应用。教师可依实际教学需求进行取舍,合理安排实训进度。

　　本书配有实训教学平台,按照管理会计的内在规律和企业管理会计岗位的工作流程设计实训业务,具有以下三大特点:①系统性强,体现管理会计的岗位要求;②内容全面,涵盖管理会计的多个方面,管理会计的基本方法、规划与决策会计、控制与业绩评价会计及作业成本法等内容都有详细的实训业务;③预置丰富的内部表单,对接企业真实业务,涉及管理会计岗位的常用计算。平台能够智能化地处理表单计算结果,学生通过反复演练,可以熟练掌握管理会计工作所需的基本技能和基本观念。

　　本书及配套实训平台的编写、开发得到了财经管理专业教师、企业一线财务管理人员和教育技术人员的大力帮助,在此深表谢意。

　　由于水平有限,书中难免存在疏漏和不足,恳请读者朋友批评指正。

会计仿真实训平台项目组

2018 年 2 月

目　录

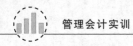

项目 1

管理会计总论

任务 1.1　管理会计的定义

【业务 1.1.1】

（单选题）以强化企业内部经营管理、实现最佳经济效益为目的，实现对经济过程的预测、决策、规划、控制、责任考核评价等职能的会计分支是指（　　）。

A. 狭义的管理会计　　　　　　　　B. 广义的管理会计

C. 宏观管理会计　　　　　　　　　D. 财务会计

【业务 1.1.2】

（单选题）从狭义管理会计的定义看，管理会计只是为企业（　　）提供计划与控制所需信息的内部会计。

A. 内部管理者　　B. 外部投资者　　C. 内部所有人　　D. 外部债权人

【业务 1.1.3】

（多选题）广义管理会计的研究成果有（　　）。

A. 以企业为主体展开其管理活动

B. 既为企业管理当局的管理目标服务，也为非管理集团服务

C. 提供用来解释实际和计划所必需的货币性与非货币性信息

D. 既包括财务会计，又包括成本会计和财务管理

任务 1.2　管理会计的形成与发展

【业务 1.2.1】

（多选题）传统管理会计的主要内容有（　　）。

A. 预测　　　　　B. 决策　　　　　C. 预算　　　　　D. 控制

【业务 1.2.2】

（单选题）传统管理会计以（　　）为核心。

A. 责任会计　　　B. 控制会计　　　C. 成本性态分析　　　D. 预测决策会计

【业务 1.2.3】

(多选题)现代管理会计的内容包括(　　)。

A. 预测决策会计　　B. 规划控制会计　　C. 责任会计　　　D. 考核会计

【业务 1.2.4】

(多选题)管理会计的基本职能包括(　　)。

A. 预测经济前景　　B. 参与经济决策　　C. 规划经营目标　　D. 控制经济过程

任务 1.3　财务会计和管理会计的区别与联系

【业务 1.3.1】

(单选题)李丽正在某大学就读会计专业,她的好友王明高中毕业后开始经营服装店。王明定期对店铺经营情况进行分析。一天,李丽在听完王明的分析后,批评王明缺乏管理会计思维。请问李丽对王明的批评最可能是针对以下哪个做法?(　　)

A. 分析本月发生了多少盈亏

B. 进行市场上下游分析,考虑经营的系统战略

C. 基于成本性态分析编制内部盈利报告

D. 预测店铺未来盈利增长目标

【业务 1.3.2】

承接业务 1.3.1,李丽大学毕业后进入金陵钱多多家具有限公司财务部,工作头两年不断轮岗,先后从事过出纳、工资核算、成本核算等工作。最近财务主管对她说:"李丽,你以前从事的基本都是财务会计的工作,下周起你要开始协助编制管理会计报表,逐步转向管理会计工作。你知道财务会计和管理会计有什么区别吗?"请将背景资料(见图 1-1)中各区别项对应的字母填入财务会计与管理会计区别表中。

背景资料:

财务会计与管理会计的区别

A. 侧重对企业外部的服务
B. 侧重对企业内部的服务
C. 多个层次,主要以企业内部责任单位为主体
D. 往往只有整个企业一个层次
E. 预测和规划未来,控制现在
F. 主要是反映过去
G. 不受公认会计原则约束
H. 受公认会计原则约束

图 1-1　财务会计与管理会计的区别

单据：

账务会计与管理会计区别表

类 别	财务会计	管理会计
工作侧重点		
工作主体		
作用时效		
遵循的原则		

【业务 1.3.3】

(判断题)承接业务 1.3.2,李丽在新的岗位上工作一段时间后认识到,作为企业会计的两个分支,财务会计和管理会计虽然有很多不同,但也存在着千丝万缕的联系。经过总结,李丽认为管理会计与财务会计的工作客体有相似之处,其对象都是企业经营活动的价值运动。请问李丽的这一总结正确吗?(   )

【业务 1.3.4】

(多选题)承接业务 1.3.3,财务主管听了李丽对财务会计和管理会计工作对象的总结,对她进行了称赞,但同时也指出,李丽的总结还不够完整,希望李丽能更全面地对两者的联系进行总结。以下选项属于管理会计与财务会计联系的有(   )。

A. 两者会计信息来源基本相同　　　　B. 两者工作客体有相似之处
C. 两者最终目标一致　　　　　　　　D. 两者的主要指标相互渗透

任务 1.4 管理会计思维训练

【业务 1.4.1】

第一中学 200×级×班同学要举办毕业十周年聚会,组委会预计将有 50 人参加,并制订了预算。聚会当天,共有 60 人参加了聚会,比预计人数多出 10 人。聚会结束后,组委会核对了所有账单,发现总花费达到 12000 元,也就是说超出预算 2000 元。具体费用支出情况:场地租金 1000 元,餐饮 7000 元,娱乐项目 2000 元,装饰品 1000 元,其他 1000 元。请根据背景资料(见图 1-2)编制支出差异分析表,为聚会编制一份绩效报告,说明实际花费与预算之间的差异。

说明:"结论"一列中填写"无""超支""节约"。

背景资料:

十周年聚会预算

单位：元

支出项目	预算总金额	人均花销
场地租金	1000	20
餐饮	5000	100
娱乐项目	1500	30
装饰品	1000	20
其他	1500	30
合计	10000	200

图 1-2　十周年聚会预算

单据：

支出差异分析表

单位：元

支出项目	预算金额	实际支出	差　异	结　论
场地租金				
餐　饮				
娱乐项目				
装饰品				
其　他				
合　计				

【业务 1.4.2】

（多选题）承接业务 1.4.1,组委会运用例外管理原则对本次聚会的开销展开进一步调查。以下说法正确的有(　　)。

A. 根据例外管理原则,组委会首先要调查餐饮支出,因为该项支出超支最多

B. 除了餐饮支出外,组委会还需要进一步调查场地租金和娱乐项目支出

C. 组委会无须调查装饰品支出,因为该项支出等于预算

D. 组委会无须调查其他支出,因为该项支出低于预算

项目 2

成本性态分析

任务 2.1　成本的概念及其分类

【业务 2.1.1】

（单选题）在管理会计中,将全部成本区分为产品成本和期间成本的分类依据是（　　）。

A. 成本的目标

B. 成本发生的时态

C. 成术的相关性

D. 成本的可盘存性

【业务 2.1.2】

（多选题）按经济用途分类,成本可以分为生产成本和非生产成本。以下经济业务涉及的费用,可以计入生产成本的是（　　）。

A. 生产车间领用原材料

B. 生产车间发放工资

C. 销售过程发生运费

D. 行政部门采购办公用品

【业务 2.1.3】

按照成本的可归属性分类,成本可以分为直接成本和间接成本。请指出下列选项中哪些是直接成本,哪些是间接成本? 将选项所代表的字母填入直接成本和间接成本归类表中。

A. 宣传部门的广告费

B. 支付的生产工人医药费

C. 生产 1♯ 纱衣领用的布料

D. 公司行政部门领取的工资

E. 生产部门领取的工资

F. 生产车间合计发生的电费

单据:

直接成本和间接成本归类表

成本类型	选　项
直接成本	
间接成本	

【业务 2.1.4】

(单选题)将全部成本分为固定成本、变动成本和混合成本所采用的分类依据是(　　)。

A. 成本核算目标 　　　　　　　　　　B. 成本的可辨认性

C. 成本的经济用途 　　　　　　　　　D. 成本的性态

【业务 2.1.5】

(多选题)下列选项中属于固定成本的是(　　)。

A. 定期支付的广告费 　　　　　　　　B. 计件工资

C. 企业管理人员工资 　　　　　　　　D. 按直线法计提的折旧费

【业务 2.1.6】

请判断背景资料(见图 2-1)中的成本性态模型图是属于固定成本还是变动成本,将选项所代表的字母填入成本性态分类表中。

背景资料:

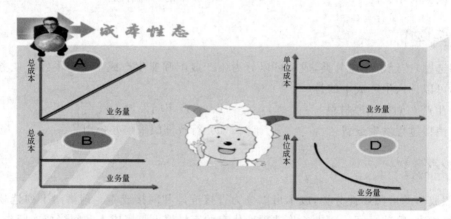

图 2-1　成本性态模型图

单据:

成本性态分类表

成本类型	成本性态模型图
固定成本	
变动成本	

【业务 2.1.7】

请判断背景资料(见图 2-2)中的混合成本模型图属于何种类型的混合成本,将相应的字母填入混合成本分类表中。

背景资料：

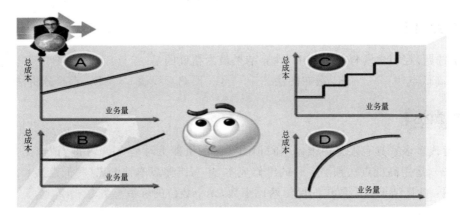

图 2-2　混合成本模型图

单据：

混合成本分类表

成本类型	混合成本模型图
直线型混合成本	
阶梯型混合成本	
延期型混合成本	
曲线型混合成本	

任务 2.2　成本性态分析的应用

【业务 2.2.1】

(单选题)在应用高低点法进行成本性态分析时,选择高点坐标的依据是(　　)。

A. 最高的业务量　　　　　　　　　B. 最高的成本

C. 最高的业务量和最高的成本　　　D. 最高的业务量或最高的成本

【业务 2.2.2】

(单选题)在应用散布图法的过程中,根据目测的成本变动趋势线与 y 轴的交点来确定的是(　　)。

A. 固定成本　　　B. 变动成本　　　C. 混合成本　　　D. 单位变动成本

【业务 2.2.3】

(多选题)不宜采用工程分析法进行成本性态分析的企业有(　　)。

A. 新建企业　　　　　　　　　B. 投入和产出不稳定的企业

C. 没有历史资料的企业　　　　　　　　D. 间接成本比重较大的企业

【业务 2.2.4】

(单选题)在历史资料分析法中,计算结果最为精确的是(　　　)。

A. 高低点法　　　　B. 散布图法　　　　C. 回归直线法　　　　D. 直接分析法

【业务 2.2.5】

金陵钱多多家具有限公司维修车间预测 7 月的机器工时是 5000 小时,请根据背景资料(见图 2-3),运用高低点法预测 7 月的维修成本,填写维修成本预测表(高低点法)。

说明:计算结果有小数位的保留两位小数,无小数位的保留整数。

背景资料:

维修成本数据

项　目	1 月	2 月	3 月	4 月	5 月	6 月	合计
业务量（机器工时）	4500	2900	3000	4300	3800	4000	22500
维修成本（元）	12600	8600	9300	11800	10300	12100	64700

图 2-3　维修成本数据

单据:

维修成本预测表（高低点法）

项　目	数　值
最高点业务量（机器工时）	
最低点业务量（机器工时）	
最高点维修成本（元）	
最低点维修成本（元）	
预测单位变动成本：b（元/小时）	
预测固定成本：a（元）	
预测 7 月维修成本：y（元）	

【业务 2.2.6】

承接业务 2.2.5,金陵钱多多家具有限公司运用回归直线法预测 7 月的维修成本,请填写数据计算表(回归直线法)。

单据：

数据计算表 (回归直线法)

月份	业务量 x	维修成本 y	xy	x^2
1				
2				
3				
4				
5				
6				
合计				

【业务 2.2.7】

承接业务 2.2.6,请根据业务 2.2.6 的计算结果,填写维修成本预测表(回归直线法)。

说明: 计算结果保留两位小数。

单据：

维修成本预测表 (回归直线法)

项　目	数　值
预测单位变动成本: b(元/小时)	
预测固定成本: a(元)	
预测 7 月维修成本: y(元)	

【业务 2.2.8】

金陵钱多多塑料有限公司预计下月产量将达到 2000 件,请根据背景资料(见图 2-4),运用工程分析法预测下月用电成本,填写成本预测表(工程分析法)。

说明: 计算结果有小数位的保留两位小数,无小数位的保留整数。

背景资料：

车间用电资料

　　金陵钱多多塑料有限公司是一家专业生产塑料托盘的公司,其车间用电情况如下。
　　1. 车间用电分为照明用电和设备运转用电两项。
　　2. 对照明用电进行观测和技术测定的结果:按照正常生产情况,每天工作 8 小时,车间照明每小时用电 100 度。
　　3. 对设备运转用电进行观测和技术测定的结果:每件产品需用设备加工 2 小时。企业备有多台设备,目前生产能力有剩余。
　　4. 全月工作日 22 天,每度电价格为 1.20 元。

图 2-4　金陵钱多多塑料有限公司车间用电资料

单据：

成本预测表 (工程分析法)

项　目	数　值
每月固定成本：a（元）	
单位变动成本：b（元/件）	
预测下月用电成本：y（元）	

【业务 2.2.9】

金陵钱多多塑料有限公司维修车间发生的成本为混合成本,当月实际维修工时为 1300 小时。公司预计下月维修工时将达到 1500 小时,请根据背景资料(见图 2-5),预测下月维修成本,填写成本预测表(账户分析法)。

背景资料：

维修车间成本数据

单位：元

账　户	总成本	固定成本	变动成本
生产成本——维修材料	240000		240000
生产成本——工资	30000		30000
制造费用——燃料动力	12000		12000
制造费用——维修费	4000		4000
制造费用——工资	8000	8000	
制造费用——折旧费	20000	20000	
制造费用——办公费	6000	6000	
合　计	320000	34000	286000

图 2-5　维修车间成本数据

单据：

成本预测表 (账户分析法)

项　目	数　值
每月固定成本：a（元）	
单位变动成本：b（元/小时）	
预测下月维修成本：y（元）	

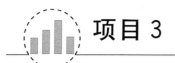

项目 3

变动成本法

任务 3.1　变动成本法概述

【业务 3.1.1】

(多选题)金陵钱多多食品公司在生产豆干的流程中涉及以下几种成本,其中属于变动成本的有(　　)。

A. 生产车间租金
B. 豆干机折旧费用
C. 黄豆耗费额
D. 包装工人计件工资

【业务 3.1.2】

(多选题)成本按习性可分为固定成本、变动成本和混合成本。下列选项中,(　　)不随产量的变化而变化。

A. 固定制造费用总额
B. 单位变动成本
C. 单位固定制造费用
D. 变动成本总额

【业务 3.1.3】

(单选题)金陵钱多多鞋业公司采用变动成本法计算产品成本,公司生产的运动鞋成本费用资料见图 3-1,请问运动鞋的产品成本是(　　)万元。

背景资料:

运动鞋成本费用资料

单位:万元

项　目	金　额
直接材料	10
直接人工	12
变动制造费用	8
固定制造费用	6

图 3-1　运动鞋成本费用资料

A. 10   B. 30   C. 36   D. 22

【业务 3.1.4】

金陵钱多多造纸公司采用变动成本法计算造纸车间生产的原浆纸的成本。2017 年 2 月,公司共生产原浆纸 70 吨。请根据背景资料(见图 3-2～图 3-4),计算原浆纸的产品成本,填写产品成本计算表。

说明:本期共发生一笔领料业务。计算结果有小数位的保留两位小数,无小数位的保留整数。

背景资料:

领 料 单

领料部门:原浆纸车间
用　途　生产原浆纸　　　　　　　2017 年 02 月 01 日　　　　　　第　　608 号

材料			单位	数量		成本	
编号	名称	规格		请领	实发	单价	总价 百十万千百十元角分
24	麦草	堆	吨	60	60	75.00	4 5 0 0 0 0
43	烧碱	标准	千克	20	20	450.00	9 0 0 0 0 0
66	松香	标准	吨	4	4	4 450.00	1 7 8 0 0 0 0
83	柔软剂	标准	吨	1	1	4 800.00	4 8 0 0 0 0
合计							¥3 6 1 0 0 0 0

部门经理:张丽　　　　会计:李丽　　　　仓库:周白　　　　经办人:张慧

图 3-2　领料单

2017 年 2 月制造费用明细账

单位:元

项　目	金　额
折旧费	5400
车间管理人员工资	11000
低值易耗品	6600
水电费	4300
车间租金	22400
固定制造费用合计	49700
产品运输费	8300
检验费	4030
机物料消耗	6060
变动制造费用合计	18390

图 3-3　制造费用明细表

2017年2月工资明细表

单元：元

序号	部门	姓名	基本工资	应付工资	实发工资
1	造纸车间	王 海	5000	5000	3863.75
2	造纸车间	李 林	5000	5000	3863.75
3	造纸车间	展鹏飞	5000	5000	3863.75
4	造纸车间	方 磊	5000	5000	3863.75
合　计			20000	20000	15455.00

图 3-4　2017 年 2 月工资明细表

单据：

产品成本计算表

单位：元

项　目	金　额
直接人工	
直接材料	
变动制造费用	
变动成本合计	
单位变动成本	

任务 3.2　变动成本法与完全成本法

【业务 3.2.1】

请将以下成本项目所代表的字母填入产品成本归类表中。

A. 直接材料　　　　B. 直接人工　　　　C. 变动制造费用　　D. 固定制造费用

单据：

产品成本归类表

成本计算方法	选 项
变动成本法	
完全成本法	

【业务 3.2.2】

请根据背景资料(见图 3-5 和图 3-6)，分别计算变动成本法与完全成本法下 2017 年

2 月的期间成本,填写期间成本计算表。

背景资料:

利润表

编制单位:金陵钱多多公司　　　　　　　2011 年　02 月　　　　　　　　　　　　会小企02表
单位:元

项目	行次	本年累计金额	本期金额
一、营业收入	1	181,000.00	96,000.00
减:营业成本	2	43,500.00	22,400.00
税金及附加	3	16,400.00	8,800.00
其中:消费税	4		
城市维护建设税	5		
资源税	6		
土地增值税	7		
城镇土地使用税、房产税、车船税、印花税	8		
教育费附加、矿产资源补偿费、排污费	9		
销售费用	10	8,000.00	4,030.00
其中:商品维修费	11		
广告费和业务宣传费	12		
管理费用	13	11,000.00	5,010.00
其中:开办费	14		
业务招待费	15		
研究费用	16		
财务费用	17	11,870.00	6,080.00
其中:利息费用(收入以"-"号填列)	18		
加:投资收益(损失以"-"号填列)	19		
二、营业利润(亏损以"-"号填列)	20	90,230.00	49,680.00
加:营业外收入	21		
其中:政府补助	22		
减:营业外支出	23		
其中:坏账损失	24		
无法收回的长期债券投资损失	25		
无法收回的长期股权投资损失	26		
自然灾害等不可抗力因素造成的损失	27		
税收滞纳金	28		
三、利润总额(亏损总额以"-"号填列)	29	90,230.00	49,680.00
减:所得税费用	30	22,558.00	12,420.00
四、净利润(净亏损以"-"号填列)	31	67,672.00	37,260.00

图 3-5　2017 年 2 月利润表

2017 年 2 月成本资料

单位:元

成本项目	变动成本	固定成本	总成本
直接材料	12000	—	12000
直接人工	6000	—	6000
制造费用	6000	4000	10000

图 3-6　2017 年 2 月成本资料

单据：

期间成本计算表

单位：元

项　目	变动成本法	完全成本法
固定制造费用		
销售费用		
管理费用		
财务费用		
合计		

【业务 3.2.3】

请根据背景资料(见图 3-7 和图 3-8)，分别计算变动成本法和完全成本法下 2017 年 2 月的期末存货成本和本期销货成本，填写存货成本和销货成本计算表。

说明：计算结果有小数位的保留两位小数，无小数位的保留整数。

背景资料：

2017 年 2 月存货及单价资料

项　目	数　值
期初存货量（台）	0
本期投产完工量（台）	4000
本期销售量（台）	3000
期末存货量（台）	1000
销售单价（元/台）	20

图 3-7　2017 年 2 月存货及单价资料

2017 年 2 月成本资料

单位：元

成本项目	金　额
直接材料	24000
直接人工	12000
变动制造费用	4000
固定制造费用	10000

图 3-8　2017 年 2 月成本资料

单据：

存货成本和销货成本计算表

项　目	变动成本法	完全成本法
期初存货成本（元）		
本期产品成本（元）		
可供销售商品成本合计（元）		
单位产品成本（元/台）		
期末存货量（台）		
期末存货成本（元）		
本期销货成本（元）		

【业务 3.2.4】

请根据背景资料(见图 3-9 和图 3-10)，运用完全成本法编制职能式利润表。

背景资料：

2017 年 2 月存货及单价资料

项　目	数　值
期初存货量（件）	0
本期投产完工量（件）	10000
本期销售量（件）	9000
期末存货量（件）	1000
销售单价（元/件）	40

图 3-9　2017 年 2 月存货及单价资料

2017 年 2 月成本资料

单位：元

成本项目	变动成本	固定成本	总成本
直接材料	100000	—	100000
直接人工	80000	—	80000
制造费用	60000	60000	120000
销售费用	18000	12000	30000
管理费用	18000	13000	31000

图 3-10　2017 年 2 月成本资料

单据：

职能式利润表

单位：元

项　目	金　额
营业收入	
减：营业成本	—
期初存货成本	
本期生产成本	
期末存货成本	
营业成本合计	
营业毛利	
减：期间成本	—
销售费用	
管理费用	
期间成本合计	
营业利润	

【业务 3.2.5】

承接业务 3.2.4,请运用变动成本法编制贡献式利润表。

单据：

贡献式利润表

单位：元

项　目	金　额
营业收入	
减：变动成本	—
变动生产成本	
变动销售费用	
变动管理费用	
变动成本合计	
边际贡献	
减：固定成本	—
固定制造费用	
固定销售费用	
固定管理费用	
固定成本合计	
营业利润	

任务 3.3   两种成本法确定的营业利润差额的变动规律

【业务 3.3.1】

(单选题)金陵钱多多公司会计助理张云在编制完职能式利润表和贡献式利润表后发现,运用变动成本法和固定成本法所计算的营业利润是不一样的。财务经理张丽告诉她说:"这主要是因为运用两种方法所计算的期末与期初存货成本的差异造成。要想判定两种成本法的营业利润差额,只需计算不同方法下的期末与期初存货成本的差额。"根据背景资料(见图 3-11),运用上述方法确定的营业利润差额是( )元。

背景资料:

存货相关资料

项 目	变动成本法	完全成本法
期初存货成本（元）	0	0
本期产品成本（元）	20000	50000
单位产品成本（元/件）	4	10
期末存货量（件）	1000	1000

图 3-11 存货相关资料

    A. 14000   B. 10000   C. 6000   D. 4000

【业务 3.3.2】

(判断题)金陵钱多多公司会计助理张云在工作中发现,有时候运用不同成本法所计算的营业利润是一样的。财务经理张丽解释说:"等于 0 的营业利润差额被称为狭义差额。如果某期完全成本法下期末存货吸收的固定制造费用与期初存货释放的固定制造费用相同,就意味着两种成本法计入当期利润表的固定制造费用相同,两种成本法的当期营业利润必然相等。"请问张丽的解释正确吗?( )

【业务 3.3.3】

与 2015 年相比,金陵钱多多公司 2016 年的销售单价、成本水平和存货计价方法(先进先出法)均未发生变化。请填写完整贡献式利润表。

单据:

贡献式利润表

项　目	2015 年	2016 年
期初存货量（件）	0	
本期生产量（件）	900	1000
本期销售量（件）	900	900
期末存货量（件）	0	
固定制造费用（元）	100000	
营业利润（元）	200000	

【业务 3.3.4】

承接业务 3.3.3，假定金陵钱多多公司 2016 年改用完全成本法，请计算 2016 年计入当期利润表的固定制造费用差额（相对于变动成本法）以及当期的营业利润，填写营业利润差额计算表。

单据：

营业利润差额计算表

单位：元

项　目	金　额
固定制造费用差额	
营业利润	

【业务 3.3.5】

金陵钱多多公司的会计助理张云为了研究营业利润差额的一般变动规律，收集了公司近 3 个月的相关背景资料（见图 3-12～图 3-15）。请帮她填写营业利润差额分析表。

背景资料：

存货量和产销量资料

单位：件

项　目	2 月	3 月	4 月
期初存货量	0	1000	1000
本期生产量	4000	4000	5000
本期销售量	3000	4000	5000
期末存货量	1000	1000	1000

图 3-12　存货量和产销量资料

单价、成本和费用资料

项　目	金　额
单位直接材料（万元/件）	4
单位直接人工（万元/件）	3
单位变动制造费用（万元/件）	3
每月固定制造费用（万元）	10000
单位变动销售及管理费用（万元/件）	0.3
每月固定销售及管理费用（万元）	4100
销售单价（万元/件）	20

图 3-13　单价、成本和费用资料

贡献式利润表

单位：万元

项　目	2月	3月	4月
营业收入	60000	80000	100000
减：变动生产成本	30000	40000	50000
变动销售及管理费用	900	1200	1500
边际贡献	29100	38800	48500
减：固定成本	—	—	—
固定制造费用	10000	10000	10000
固定销售及管理费用	4100	4100	4100
固定成本合计	14100	14100	14100
营业利润	15000	24700	34400

图 3-14　贡献式利润表

职能式利润表

单位：万元

项　目	2 月	3 月	4 月
营业收入	60000	80000	100000
减：营业成本	—	—	—
期初存货成本	0	12500	12500
本期生产成本	50000	50000	60000
可供出售产品生产成本	50000	62500	72500
期末存货成本	12500	12500	12000
营业毛利	22500	30000	39500
减：期间费用	5000	5300	5600
营业利润	17500	24700	33900

图 3-15　职能式利润表

单据：

营业利润差额分析表

单位：万元

序号	项　目	2 月	3 月	4 月
1	完全成本法的营业利润			
2	变动成本法的营业利润			
3	差额（1-2）			
4	完全成本法单位期末存货中的固定制造费用			
5	完全成本法期末存货吸收的固定制造费用			
6	完全成本法单位期初存货中的固定制造费用			
7	完全成本法期初存货释放的固定制造费用			
8	差额（5-7）			

【业务 3.3.6】

　　金陵钱多多公司的会计助理张云为了研究营业利润差额的特殊变动规律，收集了公司近 3 年的相关背景资料(见图 3-16 和图 3-17)。请帮她分别按完全成本法和变动成本法计算各年的单位产品成本、期末存货成本、期初存货成本和营业利润，填写营业利润差额分析表。

　　说明：公司对存货采用先进先出法进行计价。

背景资料：

存货量和产销量资料

单位：件

项 目	2015 年	2016 年	2017 年
期初存货量	0	0	2000
本期生产量	6000	8000	4000
本期销售量	6000	6000	6000
期末存货量	0	2000	0

图 3-16　存货量和产销量资料

单价、成本和费用资料

单位：万元

项 目	2015 年	2016 年	2017 年
直接材料	12000	16000	8000
直接人工	6000	8000	4000
变动制造费用	6000	8000	4000
固定制造费用	24000	24000	24000
固定销售及管理费用	6000	6000	6000
销售单价	10	10	10

图 3-17　单价、成本和费用资料

单据：

营业利润差额分析表

单位：万元

成本方法	项 目	2015 年	2016 年	2017 年
变动成本法	单位产品成本			
	期末存货成本			
	期初存货成本			
	营业利润			
完全成本法	单位产品成本			
	期末存货成本			
	期初存货成本			
	营业利润			

【业务 3.3.7】

(单选题)金陵钱多多公司的会计助理张云采用简算法来计算营业利润广义差额,她根据背景资料(见图 3-18)计算出的差额是(   )元。

背景资料:

存货量与成本资料

项　　目	数　　值
单位期末存货中的固定制造费用（元/件）	5
期末存货量（件）	1000
单位期初存货中的固定制造费用（元/件）	4
期初存货量（件）	1000

图 3-18　存货量与成本资料

A. 5000　　　　　　　B. 4000　　　　　　　C. 1000　　　　　　　D. 9000

项目 4

本量利分析

任务 4.1 本量利分析概述

【业务 4.1.1】

（多选题）本量利分析是指对成本、业务量和利润三者之间依存关系的分析。本量利分析是以一系列的基本假定为前提条件的。这些基本假定包括（　　）。

A. 成本性态分析的假定　　　　　　　B. 产销平衡和品种结构稳定的假定

C. 完全成本法的假定　　　　　　　　D. 变动成本法的假定

E. 目标利润的假定

【业务 4.1.2】

（单选题）在西方管理会计学中，本量利分析中的目标利润共有营业利润、息税前利润、利润总额、净利润 4 种形式。考虑到与成本、业务量的关系紧密性，我国管理会计界一般选择（　　）作为目标利润。

A. 营业利润　　　　B. 经济利润　　　　C. 利润总额　　　　D. 净利润

【业务 4.1.3】

金陵钱多多公司只生产一种产品，该产品售价为 30 元/件，单位变动成本为 18 元，固定成本总额为 50000 元，预计销售量为 10000 件，请据此计算边际贡献相关指标，填写边际贡献相关指标计算表。

单据：

边际贡献相关指标计算表

项　目	数　值
单位边际贡献（元）	
边际贡献总额（元）	
固定成本（元）	
目标利润（元）	
边际贡献率（%）	
变动成本率（%）	

【业务 4.1.4】

请根据背景资料(见图 4-1),填写传统式本量利关系图分析表。

背景资料:

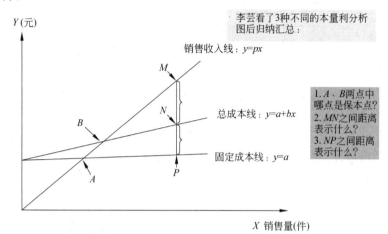

图 4-1 传统式本量利关系图

单据:

传统式本量利关系图分析表

项　目	答　案
A、B 两点中哪点是保本点	
MN 之间距离表示什么	
NP 之间距离表示什么	

【业务 4.1.5】

请根据背景资料(见图 4-2),填写贡献式本量利关系图分析表。

背景资料:

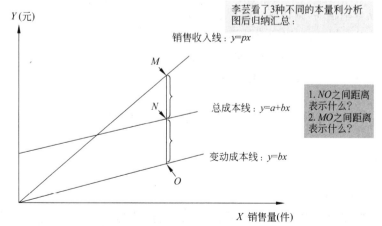

图 4-2 贡献式本量利关系图

单据：

贡献式本量利关系图分析表

项　目	答　案
NO 之间距离表示什么	
MO 之间距离表示什么	

【业务 4.1.6】

（单选题）在利润-业务量式本量利关系图（见图 4-3）中，利润线的斜率表示（　　）。

背景资料：

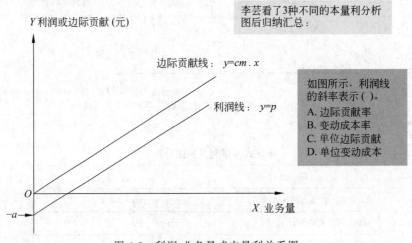

图 4-3　利润-业务量式本量利关系图

A. 边际贡献率　　　B. 变动成本率　　　C. 单位边际贡献　　D. 单位变动成本

【业务 4.1.7】

（单选题）边际贡献率与变动成本率之间的关系是（　　）。

A. 变动成本率越高，则边际贡献率也越高

B. 变动成本率越高，则边际贡献率越低

C. 变动成本率与边际贡献率二者没有关系

D. 变动成本率是边际贡献率的倒数

任务 4.2　单一品种的保本分析

【业务 4.2.1】

（多选题）企业处于保本状态意味着（　　）。

A. 总收入等于总成本　　　　　　　　B. 利润等于零

C. 边际贡献大于固定成本　　　　　　D. 边际贡献小于固定成本

【业务 4.2.2】

(单选题)下列选项中能导致保本点升高的因素是(　　)。

A. 单价提高　　　　　　　　　　B. 单位变动成本升高

C. 实际销售增多　　　　　　　　D. 安全边际量增大

【业务 4.2.3】

金陵钱多多公司只生产一种产品,请填写完整单一品种保本分析表。

说明: 表中变化情况是指为了实现本月保本,本月的固定成本和保本销售额需要增加的数额以及其他项目的变化情况。计算结果有小数位的保留两位小数,无小数位的保留整数。

单据:

单一品种保本分析表

项　　目	上月数值	变化情况	本月数值
固定成本(元)		本月比上月增加 5000 元	
边际贡献率(%)		保持不变	
变动成本率(%)		保持不变	
保本销售额(元)	50000	本月比上月增加 8000 元	

【业务 4.2.4】

金陵钱多多公司只生产一种产品,单位售价为 50 元,单位变动成本为 30 元,固定成本总额为 100000 元,该公司的正常销售量为 10000 件,请填写保本作业率计算表。

单据:

保本作业率计算表

项　　目	数　　值
保本销售量(件)	
保本销售额(元)	
保本作业率(%)	

【业务 4.2.5】

(多选题)下列关于安全边际的说法正确的有(　　)。

A. 安全边际是现有销售量(额)超过保本点销售量(额)的差额

B. 安全边际率是安全边际量与现有销售量之比

C. 安全边际率+保本作业率=1

D. 安全边际率越大,企业发生亏损可能性越大

任务 4.3　盈利条件下的本量利分析

【业务 4.3.1】

（多选题）能同时影响保本点、保利点和保净利点的因素有（　　　）。

A. 目标利润　　　B. 单位边际贡献　　　C. 固定成本总额　　　D. 所得税税率

【业务 4.3.2】

金陵钱多多公司只生产 1 种产品，单位售价为 30 元，单位变动成本为 21 元，固定成本为 45000 元。请分别计算保本销售量和目标利润为 18000 元时的销售量，填写保本保利分析表。

单据：

保本保利分析表

单位：件

项　目	数　量
保本销售量	
目标利润为 18000 元时的销售量	

任务 4.4　多品种条件下的本量利分析

【业务 4.4.1】

金陵钱多多公司生产零件 X-1、零件 X-2、零件 Y 3 种产品，预计 2017 年发生固定成本 300000 元，各种产品的预计销量、单价、单位变动成本等资料见图 4-4。公司预计 2017 年的目标利润为 150000 元。财务经理要求李丽用总额法对 3 种产品进行本量利分析，请帮她填写多品种本量利分析（总额法）。

背景资料：

2017 年各产品计划资料

产品	销量（件）	单价（元）	单位变动成本（元）
零件 X-1	100000	10	8.50
零件 X-2	25000	20	16
零件 Y	10000	50	25

图 4-4　2017 年各产品计划资料

单据：

多品种本量利分析（总额法）

项　目	数　值
销售收入总额（元）	
边际贡献总额（元）	
综合边际贡献率（%）	
综合保本销售额（元）	
综合保利销售额（元）	

【业务 4.4.2】

承接业务 4.4.1，财务经理要求李丽用边际贡献率总和法对 3 种产品进行本量利分析，请帮她填写多品种本量利分析(边际贡献率总和法)。

说明：计算结果有小数位的保留两位小数，无小数位的保留整数。

单据：

多品种本量利分析（边际贡献率总和法）

项　目	数　值
零件 X-1 的边际贡献率（%）	
零件 X-2 的边际贡献率（%）	
零件 Y 的边际贡献率（%）	
综合边际贡献率（%）	
综合保本销售额（元）	
综合保利销售额（元）	

【业务 4.4.3】

承接业务 4.4.1 和业务 4.4.2，金陵钱多多公司财务经理要求李丽用加权平均法对 3 种产品进行本量利分析，请帮她填写多品种本量利分析(加权平均法)。

说明：销售比重为各产品销售额占总销售额的比例。

单据：

多品种本量利分析（加权平均法）

项 目	数 值
零件 X-1 的边际贡献率（%）	
零件 X-1 销售比重（%）	
零件 X-2 的边际贡献率（%）	
零件 X-2 销售比重（%）	
零件 Y 的边际贡献率（%）	
零件 Y 销售比重（%）	
综合边际贡献率（%）	
综合保本销售额（元）	
综合保利销售额（元）	

任务 4.5 保本点的敏感性分析

【业务 4.5.1】

金陵钱多多公司只生产、销售 1 种产品，单价 60 元/台，单位变动成本 40 元/台，固定成本总额 600000 元。假定公司固定成本降低到 500000 元，请计算固定成本降低前后的保本点，填写保本点计算表。

单据：

保本点计算表

单位：台

项 目	数 值
固定成本降低前的保本点	
固定成本降低后的保本点	

【业务 4.5.2】

承接业务 4.5.1，假定其他条件不变，单位变动成本由原来的 40 元/台降低到 35 元/台，请计算单位变动成本降低前后的保本点，填写保本点计算表。

单据：

保本点计算表

单位：台

项 目	数 值
单位变动成本降低前的保本点	
单位变动成本降低后的保本点	

【业务 4.5.3】

承接业务 4.5.1，假定其他条件不变，产品销售价格由原来的 60 元/台提高到 70 元/台，请计算销售价格变动前后的保本点，填写保本点计算表。

单据：

保本点计算表

单位：台

项　目	数　值
销售价格提高前的保本点	
销售价格提高后的保本点	

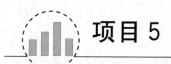

项目 5

经营预测分析

任务 5.1　销售预测分析

【业务 5.1.1】

请根据背景资料(见图 5-1～图 5-6),用算术平均法预测金陵家电公司 2017 年 7 月电冰箱的销售量。

说明：计算结果四舍五入后取整数。

背景资料：

金陵家电公司 2017 年 1 月电冰箱销售汇总情况

日　　期	销售单号	销售量（台）
1 月 3 日	S01126001	300
1 月 12 日	S01126002	500
1 月 25 日	S01126003	400
合　　计		1200

图 5-1　金陵家电公司 2017 年 1 月电冰箱销售汇总情况

金陵家电公司 2017 年 2 月电冰箱销售汇总情况

日　　期	销售单号	销售量（台）
2 月 5 日	S01126004	200
2 月 10 日	S01126005	400
2 月 24 日	S01126006	400
合　　计		1000

图 5-2　金陵家电公司 2017 年 2 月电冰箱销售汇总情况

金陵家电公司 2017 年 3 月电冰箱销售汇总情况

日　　期	销售单号	销售量（台）
3 月 10 日	S01126007	300
3 月 18 日	S01126008	500
3 月 27 日	S01126009	500
合　计		1300

图 5-3　金陵家电公司 2017 年 3 月电冰箱销售汇总情况

金陵家电公司 2017 年 4 月电冰箱销售汇总情况

日　　期	销售单号	销售量（台）
4 月 3 日	S01126010	400
4 月 9 日	S01126011	400
4 月 19 日	S01126012	400
合　计		1200

图 5-4　金陵家电公司 2017 年 4 月电冰箱销售汇总情况

金陵家电公司 2017 年 5 月电冰箱销售汇总情况

日　　期	销售单号	销售量（台）
5 月 11 日	S01126013	370
5 月 18 日	S01126014	400
5 月 22 日	S01126015	400
合　计		1170

图 5-5　金陵家电公司 2017 年 5 月电冰箱销售汇总情况

金陵家电公司 2017 年 6 月电冰箱销售汇总情况

日　　期	销售单号	销售量（台）
6 月 9 日	S01126016	600
6 月 13 日	S01126017	400
6 月 20 日	S01126018	350
合　计		1350

图 5-6　金陵家电公司 2017 年 6 月电冰箱销售汇总情况

单据：

销售量预测（算术平均法）

项　目	数值（台）
前 6 月销售量总和	
预测 7 月销售量	

【业务 5.1.2】

承接业务 5.1.1，用加权平均法（自然权数法）预测金陵家电公司 2017 年 7 月电冰箱的销售量。

说明：采用自然权数法确定各期的权数，计算结果四舍五入后取整数。

单据：

销售量预测（自然权数法）

月　份	权数	销售量（台）
1 月		
2 月		
3 月		
4 月		
5 月		
6 月		
7 月（预测）	—	

【业务 5.1.3】

承接业务 5.1.1，用饱和权数法预测金陵家电公司 2017 年 7 月电冰箱的销售量。

说明：采用饱和权数法确定的各期权数依次为 0.1、0.1、0.1、0.2、0.2、0.3，计算结果四舍五入后取整数。

单据：

销售量预测（饱和权数法）

项　目	数　值（台）
1 月销售量加权值	
2 月销售量加权值	
3 月销售量加权值	
4 月销售量加权值	
5 月销售量加权值	
6 月销售量加权值	
预测 7 月销售量	

【业务 5.1.4】

承接业务 5.1.1,用平滑指数法预测金陵家电公司 2017 年 7 月电冰箱的销售量。

说明:平滑指数 a 为 0.3,2017 年 1 月的预测销售量为 1250 台,计算结果四舍五入后取整数。

单据:

销售预测(平滑指数法)

单位:台

预测月份	上月实际数×a	上月预测数×(1-a)	本月预测
1 月	—	—	
2 月			
3 月			
4 月			
5 月			
6 月			
7 月			

【业务 5.1.5】

金陵钱多多公司是一家专业生产电冰箱压缩机的公司,决定压缩机销售量的主要因素是电冰箱的销售量,请填写完整电冰箱压缩机销售数据计算表。

单据:

电冰箱压缩机销售数据计算表

单位:万台

年　份	电冰箱销售量:x	压缩机销量:y	xy	x^2
2012	100	20		
2013	120	25		
2014	140	30		
2015	150	36		
2016	165	40		
合　计				

【业务 5.1.6】

承接业务 5.1.5,假设公司预测的 2017 年全国电冰箱销售量为 180 万台,请采用回归直线法预测金陵钱多多公司 2017 年电冰箱压缩机的销售量,填写压缩机销售量预测表(回归直线法)。

说明:回归方程为 $y=a+bx$,计算结果有小数位的保留 3 位小数,无小数位的保留整数。

单据:

压缩机销售量预测表(回归直线法)

项　目	数　值
b	
a	
2017 年电冰箱销售量:x(万台)	
2017 年压缩机销售量:y(万台)	

【业务 5.1.7】

请根据背景资料(见图 5-7),填写修正的回归分析计算表。

说明:因为 $n=10$ 是偶数,所以令第 5 期的 t 值为 -1,第 6 期的 t 值为 1,其余各期以 2 为间距类推。

背景资料:

实际销售额资料

单位:万元

月　份	1	2	3	4	5	6	7	8	9	10
销售额	10	12	13	11	15	14	18	16	19	20

图 5-7　实际销售额资料

单据:

修正的回归分析计算表

月份	销售额:Q(万元)	t	tQ	t^2
1				
2				
3				
4				
5				
6				
7				
8				
9				
10				
合　计				

【业务 5.1.8】

承接业务 5.1.7,采用修正的回归直线法预测 11 月、12 月的销售额,填写销售额预测表(修正的回归直线法)。

说明:回归方程为 $Q = a + bt$,计算结果有小数位的保留两位小数,无小数位的保留整数。

单据:

销售额预测表（修正的回归直线法）

项　　目	数　　值
a	
b	
11 月 t 值	
11 月预测销售额（万元）	
12 月 t 值	
12 月预测销售额（万元）	

任务 5.2　成本预测分析

【业务 5.2.1】

金陵钱多多公司是一家手机生产商,公司预计 2017 年的手机产量为 450 台,请根据背景资料(见图 5-8),采用高低点法预测公司 2017 年的总成本和单位成本。

说明:计算结果有小数位的保留两位小数,无小数位的保留整数。

背景资料:

近 5 年手机产量和成本数据

项　　目	2012 年	2013 年	2014 年	2015 年	2016 年
产量（台）	250	200	300	360	400
总成本（元）	275000	240000	315000	350000	388000
固定成本总额（元）	86000	88000	90000	89000	92000
单位变动成本（元/台）	756	760	750	725	740

图 5-8　近 5 年手机产量和成本数据

单据：

成本预测表（高低点法）

项　目	数　值
最低点产量：x_1（台）	
最高点产量：x_2（台）	
最低点总成本：y_1（元）	
最高点总成本：y_2（元）	
单位变动成本：b（元/台）	
固定成本总额：a（元）	
2017 年预计产量：x（台）	
2017 年预计总成本：y（元）	
2017 年预计单位成本（元/台）	

【业务 5.2.2】

金陵钱多多公司预计 2017 年 7 月的万能充电器产量为 20 个，请根据背景资料（见图 5-9），采用自然数加权平均法计算公司 2017 年 7 月的总成本和单位成本。

说明：计算结果保留整数。

背景资料：

万能充电器成本资料

单位：元

月　份	固定成本总额：a	单位变动成本：b
1	24000	25
2	26000	26
3	27500	24
4	28000	24
5	27000	21
6	26000	19

图 5-9　万能充电器成本资料

单据：

成本预测表（自然数加权平均法）

项　　目	数　　值
固定成本总额加权平均值（元）	
单位变动成本加权平均值（元）	
7 月预计产量（个）	
7 月预计总成本（元）	
7 月预计单位成本（元/个）	

【业务 5.2.3】

金陵钱多多公司按上年预计平均单位成本计算的预测期可比产品总成本为 1000000 元，请根据背景资料（见图 5-10 和图 5-11）计算可比产品成本降低率和降低额，填写成本预测表（因素变动预测法）。

说明：计算结果有小数位的保留两位小数，无小数位的保留整数。

背景资料：

可比产品各成本项目的比重

成本项目	比重（%）
原材料	70
生产工人工资	15
管理费用	10
废品损失	5
合　计	100

图 5-10　可比产品各成本项目的比重

预测期影响成本的主要因素变动率

影响因素	变动率（%）
原材料消耗定额降低	10
原材料平均价格上升	8
劳动生产率提高	20
生产工人工资增加	4
产量增长	25
管理费用增加	4
废品损失减少	10

图 5-11　预测期影响成本的主要因素变动率

单据：

成本预测表（因素变动预测法）

项　　目	数　值
原材料变动影响的成本降低率（%）	
原材料变动影响的成本降低额（元）	
劳动生产率和生产工人工资变动影响的成本降低率（%）	
劳动生产率和生产工人工资变动影响的成本降低额（元）	
产量和管理费用变动影响的成本降低率（%）	
产量和管理费用变动影响的成本降低额（元）	
废品损失影响的成本降低率（%）	
废品损失影响的成本降低额（元）	
总成本降低率（%）	
总成本降低额（元）	

任务 5.3　利润预测分析

【业务 5.3.1】

金陵车床厂生产 BB25 和 BC10 两种型号的车床，预计 2017 年下半年两种车床的销量均为离散型随机变量，请根据背景资料（见图 5-12 和图 5-13），运用概率分析法预测两种产品的销量，填写销量预测表。

背景资料：

单价和成本资料

项　　目	车床 BB25	车床 BC10
单价（万元/台）	10	12
单位变动成本（万元/台）	8	7
固定成本总额（万元）	10000	10000

图 5-12　单价和成本资料

各产品销量水平及概率分布

销量水平（台）	车床 BB25 概率分布 (%)	车床 BC10 概率分布 (%)
1000	0	10
2000	10	10
3000	20	10
4000	40	20
5000	20	40
6000	10	10
合　计	100	100

图 5-13　各产品销量水平及概率分布

单据：

销量预测表

单位：台

项　目	预计销售量
车床 BB25	
车床 BC10	

【业务 5.3.2】

承接业务 5.3.1，预测 2017 年下半年两种产品的利润，填写利润预测表。

单据：

利润预测表

单位：万元

项　目	车床 BB25	车床 BC10
预计销售收入		
预计变动成本		
预计固定成本		
预计利润		

任务 5.4　资金需要量预测分析

【业务 5.4.1】

金陵钱多多公司 2016 年度实现销售收入 300000 元,销售净利率为 5%,利润全部留存。预计 2017 年度销售收入将增加到 400000 元,假设公司 2017 年的销售净利率与 2016 年持平,利润全部留存。请根据背景资料(见图 5-14 和图 5-15),运用销售百分比法填写 2017 年资产负债表项目预测表。

背景资料:

资产负债简表

2016 年 12 月 31 日　　　　　　　　　　单位:元

资　产	金　额	负债及所有者权益	金额
现金	15000	短期借款	60000
应收账款	30000	应付账款	30000
预付账款	35000	其他应付款	30000
存货	90000	长期借款	35000
固定资产	75000	股本	60000
—	—	留存收益	30000
合　计	245000	合　计	245000

图 5-14　资产负债简表

销售百分比表

资　产	销售百分比	负债及所有者权益	销售百分比
现金	5%	短期借款	不变动
应收账款	10%	应付账款	10%
预付账款	不变动	其他应付款	10%
存货	30%	长期借款	不变动
固定资产	25%	股本	不变动
		留存收益	变动

图 5-15　销售百分比表

单据：

2017 年资产负债表项目预测表

单位：元

资　产	金　额	负债及所有者权益	金　额
现金		短期借款	
应收账款		应付账款	
预付账款		其他应付款	
存货		长期借款	
固定资产		股本	
—	—	留存收益	

【业务 5.4.2】

承接业务 5.4.1，填写 2017 年资金需要量预测表。

单据：

2017 年资金需要量预测表

单位：元

项　目	金　额
资产总额	
负债及所有者权益总额	
需筹措的资金	

项目 6

短期经营决策

任务 6.1　短期经营决策概述

【业务 6.1.1】

金陵钱多多公司经理王文让助理张军将上半年公司管理层的决策按规划时期的长短进行归类汇总。张军了解到公司上半年的主要决策有 6 项：A. DS 车间决定生产一种新产品；B. TS 车间决定自制零部件；C. 生产部签订一项外包合同将生产全部外包；D. 人力资源部聘请技术工人代替无技术工人；E. ES 车间购买一台变压器；F. HS 车间加工半成品。请将各项决策对应的字母填入经营决策分类表中。

单据：

经营决策分类表

决策类别	选　项
短期经营决策	
长期经营决策	

【业务 6.1.2】

（多选题）金陵钱多多公司经理王文在进行短期经营决策时，通常需要使用一定的方法来分析备选方案，确保做出最优决策。下列方法可供王文用来分析备选的是（　　）。

A. 净现值法
B. 贡献毛益分析法
C. 差别损益分析法
D. 相关损益分析法

任务 6.2　是否生产的决策

【业务 6.2.1】

金陵钱多多公司生产的环球旅行箱是亏损产品，2016 年共售出 3000 个，销售单价为240 元/个，单位生产成本为 165 元/个，销售费用为 160000 元，管理费用为 100000 元。请根据背景资料（见图 6-1），运用贡献毛益分析法做出是否停产的决策，填写停产决策表（贡献毛益分析法）。

说明：假定停产后的相对剩余生产能力无法转移。直接材料和直接人工均为变动成本，销售费用和管理费用均为固定成本。

背景资料：

制造费用明细表

单位：元

项　目	本年实际	本年计划
折旧费用	14175	14175
工资	27000	25500
低值易耗品	8400	8250
水电费	7425	7500
车间租金	18000	18000
固定性制造费用合计	75000	73425
产品运输费	16500	18000
检验费用	31500	31500
机物料消耗	42000	43500
变动性制造费用合计	90000	93000
制造费用合计	165000	166425

图 6-1　制造费用明细表

单据：

停产决策表（贡献毛益分析法）

项　目	结　果
环球旅行箱的销售收入（元）	
环球旅行箱的变动成本（元）	
环球旅行箱的贡献毛益（元）	
停产决策（填写"是"或"否"）	

【业务 6.2.2】

（单选题）承接业务 6.2.1，假定 2017 年的其他条件不变，但生产环球旅行箱的设备可对外出租，那么，一年租金为（　　）元时，金陵钱多多公司可以考虑停产该产品。

　　A. 210000　　　　B. 310000　　　　C. 190000　　　　D. 290000

【业务 6.2.3】

金陵钱多多公司的高档背包是亏损产品,2016 年产量为 1000 个,全部出售。公司预测资料显示,2017 年具备增产 30％高档背包的能力,市场可以完全接受增产的产品,背包价格和成本水平均保持不变。请根据背景资料(见图 6-2),运用差别损益分析法做出是否增产的决策,填写增产决策表(差别损益分析法)。

说明:假定公司的剩余生产能力无法转移。

背景资料:

高档背包成本费用及销售单价资料

项　目	数　值
单位直接材料（元/个）	25
单位直接人工（元/个）	20
单位变动性制造费用（元/个）	30
固定性制造费用总额（元）	20000
单位变动性销售与管理费用（元/个）	5
固定性销售与管理费用总额（元）	10000
销售单价（元/个）	100

图 6-2　高档背包成本费用及销售单价资料

单据:

增产决策表（差别损益分析法）

项　目	增产	不增产	差异额
差别收入（元）			
差别成本（元）			
差别损益（元）			
增产决策（填写"是"或"否"）	—	—	

【业务 6.2.4】

承接业务 6.2.3,金陵钱多多公司的高档背包是亏损产品。假定公司 2017 年已具备增产 30％高档背包的能力,该能力可以用于临时承揽零星加工业务,预计可获得贡献毛益 25000 元。请根据背景资料(见图 6-2),运用相关损益分析法做出 2017 年是否增产的决策,填写增产决策表(相关损益分析法)。

单据：

增产决策表（相关损益分析法）

项　目	增产	不增产	差异额
相关收入（元）			
相关成本（元）			
其中：变动成本（元）			
机会成本（元）			
相关损益（元）			
增产决策（填写"是"或"否"）	—	—	

【业务 6.2.5】

金陵钱多多公司生产触屏手机，每年最大生产能力为 12000 部，2016 年生产手机 10000 部，全部销售完毕，销售单价为 1000 元/部，单位变动成本为 600 元/部。2017 年 1 月上旬，吉祥公司以 700 元/部的价格向金陵钱多多公司追加订货 2000 部手机，要求年底前交货。请运用差别损益分析法做出是否接受此项追加订货的决策，填写追加订货决策表（差别损益分析法）。

说明： 假定公司的剩余生产能力无法转移，追加订货不涉及追加投入专属成本。

单据：

追加订货决策表（差别损益分析法）

项　目	接受追加订货	拒绝追加订货	差异额
差别收入（万元）			
差别成本（万元）			
差别损益（万元）			
追加订货决策（填写"是"或"否"）	—	—	

【业务 6.2.6】

承接业务 6.2.5，假定吉祥公司要求追加订货 4000 部，价格仍是 700 元/部，请运用差别损益分析法做出是否接受此项追加订货的决策，填写追加订货决策表（差别损益分析法）。

单据：

追加订货决策表（差别损益分析法）

项 目	接受追加订货	拒绝追加订货	差异额
差别收入（万元）			
差别成本（万元）			
其中：变动成本（万元）			
机会成本（万元）			
差别损益（万元）	—	—	
追加订货决策（填写"是"或"否"）	—	—	

任务6.3 生产什么的决策

【业务 6.3.1】

金陵钱多多公司新采购一批原材料，可用于生产 DS 或 TS 型号的 MP4。请根据背景资料（见图 6-3），运用贡献毛益分析法做出投产决策，填写新产品品种决策表（贡献毛益分析法）。

背景资料：

成本费用及销售单价预测资料

项 目	DS-MP4	TS-MP4
预计销售单价（元/件）	200	100
单位变动成本（元/件）	160	70
单位材料消耗定额（mg/件）	10	6

图 6-3　成本费用及销售单价预测资料

单据：

新产品品种决策表（贡献毛益分析法）

项 目	DS-MP4	TS-MP4
单位贡献毛益（元/件）		
单位材料贡献毛益（元/mg）		
投产决策（填写"是"或"否"）		

【业务 6.3.2】

金陵钱多多公司第五车间 2016 年生产相机、打印机和扫描仪 3 种产品，车间经理决定自 2017 年起改变原有的相机生产计划，将相机的生产能力转移到其他产品上。请根据背景资料（见图 6-4），运用贡献毛益分析法帮助车间经理做出决策，填写转产决策表（贡献毛益分析法）。

背景资料：

第五车间生产资料

项　目	相　机	打印机	扫描仪
2016 年销售收入（万元）	200	300	400
2016 年变动成本率（％）	80	60	50
2017 年转产计划	开发显示器	增产打印机	增产扫描仪
预计 2017 年变动成本率（％）	40	60	50
预计 2017 年销售收入（万元）	135	450	540

图 6-4　第五车间生产资料

单据：

转产决策表（贡献毛益分析法）

项　目	开发显示器	增产打印机	增产扫描仪	继续生产相机
相关收入（万元）				
变动成本（万元）				
贡献毛益（万元）				
转产决策（填写"是"或"否"）				

【业务 6.3.3】

金陵钱多多公司第三车间对同一种原材料进行加工，可同时生产出甲、乙、丙 3 种联产品，其中丙产品可以直接出售。公司已经具备将 80％ 的丙产品深加工为丁产品的能力，且无法转移。每深加工 1 千克丙产品需要额外追加可分成本 20 万元。丙产品与丁产品的投入产出比例为 1∶0.7。如果公司每年额外支付 22000 万元租入 1 台设备，可以使深加工能力达到 100％。丁产品的单价为 240 万元/千克。公司现有 3 种方案可供选择：将全部丙产品深加工为丁产品（方案 A）；将 80％ 的丙产品深加工为丁产品（方案 B）；直接出售全部丙产品（方案 C）。请根据背景资料（见图 6-5），运用相关损益分析法做出深加工决策，填写深加工决策表（相关损益分析法）。

背景资料：

联产品单位成本及销售单价资料

产品名称	产量（千克）	应负担成本（万元）	单位成本（万元/千克）	销售单价（万元/千克）
甲	2500	225000	90	200
乙	1500	135000	90	210
丙	1000	90000	90	135
合　计	5000	450000	—	—

图 6-5　联产品单位成本及销售单价资料

单据：

深加工决策表（相关损益分析法）

项　目	方案A	方案B	方案C
丁产品产量（件）			
丙产品产量（件）			
相关收入（万元）			
相关成本（万元）			
其中：可分成本（万元）			
专属成本（万元）			
相关损益（万元）			
深加工决策（填写"是"或"否"）			

任务6.4　怎样生产的决策

【业务6.4.1】

金陵卡车公司常年生产卡车，每年需用到齿轮100000件。齿轮既可以自制也可以外购，外购单价为27元/件。目前公司已具备自制能力，且该能力无法转移。请根据背景资料（见图6-6），填写自制或外购决策表。

背景资料：

自制成本预测资料

项　目	金　额
直接材料（元/件）	20
直接人工（元/件）	4
变动性制造费用（元/件）	
固定性制造费用（元）	500000
完全成本合计（元）	3000000

图6-6　自制成本预测资料

单据：

自制或外购决策表

项　目	结　果
自制单位变动成本（元/件）	
外购单价（元/件）	
自制或外购决策（填写"自制"或"外购"）	
节约成本总额（元）	

【业务 6.4.2】

承接业务 6.4.1,假定金陵卡车公司的自制生产能力可用于承揽零星加工业务,每年可获得 300000 元,请填写自制或外购决策表。

单据:

自制或外购决策表

项　目	自　制	外　购
变动成本（元）		
机会成本（元）		
相关成本合计（元）		
自制或外购决策（填写"是"或"否"）		

【业务 6.4.3】

金陵卡车公司决定生产卡车座椅,现有甲、乙两种工艺方案可供选择。请根据背景资料(见图 6-7),运用成本无差别点法,分别做出座椅需用量为 1500 件和 2500 件时的工艺方案决策,填写工艺方案决策表(成本无差别点法)。

背景资料:

甲、乙两种方案的成本资料

项　目	甲方案	乙方案
相关固定成本（元）	24000	160000
单位变动成本（元/件）	80	120

图 6-7　甲、乙两种方案的成本资料

单据:

工艺方案决策表（成本无差别点法）

项　目	甲方案	乙方案
成本无差别点产量（件）		
1500 件时的决策（填写"是"或"否"）		
2500 件时的决策（填写"是"或"否"）		

任务 6.5 不确定条件下的生产决策

【业务 6.5.1】

金陵钱多多公司准备开发一种新产品,现有 1TB 和 500GB 两种容量的移动硬盘可供选择。请根据背景资料(见图 6-8 和图 6-9),运用概率分析法做出开发何种新产品的决策,填写新产品开发决策表(概率分析法)。

背景资料:

单价与成本预测资料

项　目	1TB 移动硬盘	500GB 移动硬盘
单价（元/件）	300	285
单位变动成本（元/件）	268	256
固定成本（元）	24000	24000

图 6-8 单价与成本预测资料

销售预测资料

预计销量（件）	1TB 移动硬盘的概率	500GB 移动硬盘的概率
600	0	0.1
800	0.1	0.2
900	0	0.2
1000	0.3	0.4
1200	0.3	0.1
1400	0.2	0

图 6-9 销量预测资料

单据:

新产品开发决策表（概率分析法）

项　目	1TB 移动硬盘	500GB 移动硬盘
预期销量（件）		
单位贡献毛益（元）		
预期总贡献毛益（元）		
新产品开发决策（填写"是"或"否"）		

【业务 6.5.2】

(单选题)金陵钱多多公司准备开发一款迷你音响,根据市场部的预测资料(见图 6-10),如果采用大中取大法进行决策,公司应生产( )件迷你音响。

A. 2000　　　　B. 2500　　　　C. 3000　　　　D. 以上都不对

背景资料:

贡献毛益预测资料

预计产销量（件）	畅销（元）	一般（元）	滞销（元）
2000	40000	29000	17000
2500	49000	28000	21500
3000	58500	33600	18600

图 6-10 贡献毛益预测资料

【业务 6.5.3】

(单选题)承接业务 6.5.2,如果采用小中取大法,公司应生产( )件迷你音响。

A. 2000　　　　B. 2500　　　　C. 3000　　　　D. 以上都不对

【业务 6.5.4】

(单选题)承接业务 6.5.2,如果采用大中取小法,公司应生产( )件迷你音响。

A. 2000　　　　B. 2500　　　　C. 3000　　　　D. 以上都不对

【业务 6.5.5】

承接业务 6.5.2,如果金陵钱多多公司的乐观系数为 0.7,请利用折中决策法做出决策,填写新产品开发决策表(折中决策法)。

单据:

新产品开发决策表（折中决策法）

项　　目	2000 件	2500 件	3000 件
最大收益值（元）			
最小收益值（元）			
预期收益值（元）			
新产品开发决策（填写"是"或"否"）			

任务 6.6　定价决策

【业务 6.6.1】

金陵乐器公司生产玩具电子琴,公司计划 2017 年电子琴实现 300000 元的目标利润,预计销售与管理费用 18000 元。请根据背景资料(见图 6-11),采用完全成本加成定价法,填写目标售价计算表(完全成本加成定价法)。

说明:假定生产的 5000 件电子琴全部销售出去,计算结果有小数位的保留两位小数,无小数位的保留整数。

背景资料:

电子琴生产成本预测资料

项　目	单　价	用　量	单位成本 (元/件)	生产成本(元) (5000 件)
直接材料	20 元/千克	2 千克/件	40	200000
直接人工	55 元/小时	0.4 小时/件	22	110000
变动性制造费用	—	—	24	120000
固定性制造费用	—	—	—	100000
合计	—	—	86	530000

图 6-11　电子琴生产成本预测资料

单据:

目标售价计算表（完全成本加成定价法）

项　目	数　值
目标利润（元）	
销售与管理费用（元）	
固定性制造费用（元）	
变动成本（元）	
单位产品成本（元/件）	
成本毛利率（%）	
目标售价（元/件）	

【业务 6.6.2】

承接业务 6.6.1,请采用变动成本加成定价法,填写目标售价计算表(变动成本加成定价法)。

说明：假定生产的 5000 件电子琴全部销售出去,计算结果有小数位的保留两位小数,无小数位的保留整数。

单据：

目标售价计算表（变动成本加成定价法）

项　目	数　值
目标利润（元）	
销售与管理费用（元）	
固定性制造费用（元）	
变动成本（元）	
单位变动成本（元/件）	
变动成本贡献率（%）	
目标售价（元/件）	

【业务 6.6.3】

金陵乐器公司生产三角琴,请根据背景资料(见图 6-12),做出最优售价的决策,填写定价决策表(边际分析定价法)。

说明：销量(x)与价格(p)之间的关系为 $p=30-0.1x$。

背景资料：

不同价格水平及其销售量预测资料

销售单价（万元/架）	预计销售量（架）	固定成本（万元）	单位变动成本（万元）
23	70	1000	6
22	80	1000	6
21	90	1000	6
20	100	1000	6
19	110	1000	6
18	120	1000	6
17	130	1000	6
16	140	1000	6

图 6-12　不同价格水平及其销售量预测资料

单据：

定价决策表（边际分析定价法）

销售单价（万元/架）	23	22	21	20	19	18	17	16
预计销售量（架）								
销售收入（万元）								
边际收入（万元）	—							
固定成本（万元）								
变动成本（万元）								
总成本（万元）								
边际成本（万元）	—							
利润（万元）								
最优售价(填写"是"或"否")								

【业务 6.6.4】

金陵乐器公司生产口风琴,公司口风琴的最大生产能力为 19000 件,预计实现利润 100000 元。公司希望通过调价来提高利润,现有 A、B 两种调价方案,请根据背景资料(见图 6-13),采用利润无差别法确定最终的调价方案,填写调价决策表(利润无差别法)。

方案 A:将售价调低至 85 元/件,预计销量可达到 16500 件。

方案 B:将售价调高至 110 元/件,只能争取到 7000 件订货(剩余生产能力无法转移)。

背景资料:

口风琴生产成本预测资料

项　目	单　价	用　量	单位成本(元/件)	生产成本(元)(12000件)
直接材料	600 元/千克	0.05 千克/件	30	360000
直接人工	10 元/小时	2 小时/件	20	240000
变动性制造费用	—		10	120000
固定性制造费用				300000
合计	—		60	1020000

图 6-13　口风琴生产成本预测资料

单据:

调价决策表（利润无差别法）

项　　目	方案 A	方案 B
固定成本（元）		
预计利润（元）		
单位变动成本（元/件）		
调价后价格（元/件）		
利润无差别点销量（件）		
最大生产能力（件）		
调价后销量（件）		
调价决策（填写"是"或"否"）		

【业务 6.6.5】

金陵乐器公司生产耳机，预计 2017 年实现目标利润 200000 元，现有自销和代销两种销售方式可供选择。请根据背景资料（见图 6-14 和图 6-15），运用保利定价法确定采用何种销售方式，填写销售方式决策表（保利定价法）。

说明：计算结果保留两位小数。

背景资料：

销量及固定成本预测资料

项　　目	自　销	代　销
销售量（件）	100000	50000
固定成本（元）	50000	30000

图 6-14　销量及固定成本预测资料

单位变动成本预测资料

单位：元/件

项　　目	金　额
直接材料	20
直接人工	15
变动性制造费用	15
单位变动成本	50

图 6-15　单位变动成本预测资料

单据：

销售方式决策表（保利定价法）

项　目	自　销	代　销
保利价格（元/件）		
销售方式决策（填写"是"或"否"）		

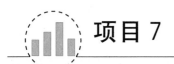

项目 7

长期投资决策

任务 7.1　影响长期投资决策的因素

【业务 7.1.1】

　　金陵机械公司是一家专门从事机械产品研发与生产的企业。2017 年 3 月,公司为扩张业务,拟投资 6000 万元研制生产组合铣床。公司现有两个方案(见图 7-1)可供选择,请填写投资决策表。

　　说明:根据增值税的资金时间价值做出投资决策。

　　背景资料:

投资方案

　　方案一:设立甲、乙、丙三个独立核算的子公司,彼此间存在着购销关系。甲公司生产的产品可以作为乙公司的原材料,而乙公司生产的产品全部提供给丙公司。经调查测算,甲公司提供的原材料市场价格为每单位 10000 元(一单位指生产一件最终产成品所需原材料数量),乙公司以 15000 元/件的价格提供给丙公司,丙公司以 20000 元/件的价格向市场出售(以上价格均不含税)。预计甲公司生产每单位原材料会涉及 850 元的增值税进项税额,并预计年销售量为 10000 台。三个子公司适用的增值税税率均为 17%。

　　方案二:设立一家综合性的分公司,分公司下设甲、乙、丙三个部门。经调查测算,生产所需原材料市场价格为每单位 10000 元(一单位指生产一件最终产成品所需原材料数量),加工完成后以 20000 元/件的价格向市场出售(以上价格均不含税)。预计每单位原材料会涉及 850 元的增值税进项税额,并预计年销售量为 10000 台。分公司适用的增值税税率为 17%。

图 7-1　投资方案

　　单据:

投资决策表

项　目	结　果
方案一甲公司应纳增值税(元)	
方案一乙公司应纳增值税(元)	
方案一丙公司应纳增值税(元)	
方案一应纳增值税总额(元)	
方案二应纳增值税总额(元)	
投资决策(填写"方案一"或"方案二")	

【业务 7.1.2】

金陵机械公司欲购置生产太阳能设备的固定资产,需投资 1000 万元。该固定资产建设期为 1 年,使用寿命为 5 年,其资金来源为 3 年期银行借款。请根据背景资料(见图 7-2),计算不同投资方式下的固定资产原值,填写初始现金流量(固定资产原值)计算表。

说明:初始现金流量＝固定资产原值＝购置费用＋项目建设期资本化利息费用。

背景资料:

银行贷款利率表

项 目	年利率(%)
一、短期贷款	
6 个月以内(含 6 个月)	4.86
6 个月至 1 年(含 1 年)	5.31
二、中长期贷款	
1 年至 3 年(含 3 年)	5.40
3 年至 5 年(含 5 年)	5.76
5 年以上	5.94
三、贴现	以再贴现利率为下限加点确定

图 7-2　银行贷款利率表

单据:

初始现金流量(固定资产原值)计算表

单位:万元

项 目	购置费用	项目建设期资本化利息费用	初始现金流量(固定资产原值)
建设起点一次性投入			
建设起点和建设期末各投入 50%			
建设期内均衡投入			

【业务 7.1.3】

承接业务 7.1.2,金陵机械公司于建设起点一次性投入 1000 万元购置固定资产,资金来源为 3 年期银行借款,固定资产建设期为 1 年,运营期为 5 年。固定资产投入运营后,公司生产每台设备的总成本为 2600 元(完全成本法),每台设备售价为 3000 元。按税法规定,固定资产按直线法计提折旧,期末固定资产残值为 54 万元,企业所得税税率为 25%。请根据背景资料(见图 7-3),填写经营现金流量计算表。

背景资料：

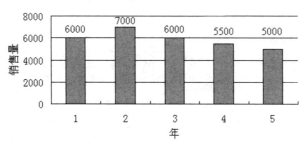

图 7-3　预计未来 5 年销售量

单据：

经营现金流量计算表

单位：万元

项目	第 1 年	第 2 年	第 3 年	第 4 年	第 5 年
销售收入					
营业成本合计					
其中：付现成本					
折旧					
税前利润					
所得税					
税后利润					
加：折旧					
营业现金净流量					

【**业务 7.1.4**】

承接业务 7.1.2 和业务 7.1.3,项目结束后,该项固定资产可变现价值为 50 万元,请填写终结现金流量计算表。

说明：固定资产减值损失可以抵扣企业所得税。

单据：

终结现金流量计算表

单位：万元

项 目	金额
经营现金流量	
设备变现收入	
清理固定资产损失抵扣所得税	
合 计	

【业务 7.1.5】

金陵机械公司于 2017 年年初取得长期借款 1000 万元,期限为 6 年,每年付息一次,到期一次还本,企业所得税税率为 25%,请根据背景资料(见图 7-2),填写长期借款资本成本计算表。

说明:计算结果有小数位的保留两位小数,无小数位的保留整数。

单据:

长期借款资本成本计算表

项 目	数值 (%)
借款利率	
企业所得税税率	
长期借款资本成本率	

【业务 7.1.6】

金陵机械公司 2016 年 1 月 1 日发行企业债券 2500 张,单张债券面值为 1000 元,票面利率为 8%,期限为 3 年,付息日为每年 12 月 31 日。债券发行费率为 0.5%,企业所得税税率为 25%。请计算债券成本,填写债券成本计算表。

说明:计算结果有小数位的保留两位小数,无小数位的保留整数。

单据:

债券成本计算表

项 目	数 值
债券面值总额(万元)	
每年支付利息(万元)	
发行费用(万元)	
债券成本率(%)	

【业务 7.1.7】

金陵机械公司 2015 年年初支付股利 0.28 元/股,公司现金股利分派率从 2016 年开始以每年 5％的速度递增。2017 年 4 月 8 日,金陵机械公司按当日市价(3.722 元/股)发行普通股筹集资金,发行费率为 1.5％。请计算普通股成本,填写普通股成本计算表。

说明:计算方法采用股利增长模型法,计算结果保留 4 位小数。

单据:

普通股成本计算表

项　目	数　值
2015 年股利（元/股）	
2016 年股利（元/股）	
2017 年股利（元/股）	
普通股成本率（%）	

【业务 7.1.8】

承接业务 7.1.7,请计算留存收益成本,填写留存收益成本计算表。

说明:计算方法采用股利增长模型法,计算结果保留 4 位小数。

单据:

留存收益成本计算表

项　目	数　值
2017 年股利（元/股）	
普通股市价（元/股）	
留存收益成本率（%）	

【业务 7.1.9】

2017 年 4 月 8 日,金陵机械公司决定投资 6000 万元用于研究新产品。鉴于公司现有资本结构,最终决定通过发行优先股的方式来筹集此次资金。已知每年优先股股利支付率为 10％,筹资费率为 0.1％,当日股价为 3.722 元/股。请计算优先股成本,填写优先股成本计算表。

说明:计算结果有小数位的保留两位小数,无小数位的保留整数。

单据:

优先股成本计算表

项　目	数　值
优先股每年支付股利总额（万元）	
优先股筹资费用（万元）	
优先股股金总数（万元）	
优先股成本率（%）	

【业务 7.1.10】

金陵机械公司正面临着投资开发高科技产品和继续生产老产品的决策。已知新产品的市场竞争激烈，如果经济繁荣，公司将取得较大市场占有率，收益率很高；否则，收益率会很低，甚至会亏本。而如果继续生产老产品，由于该产品为必需品，所以其收益率受经济景气情况的影响相对较小。请根据背景资料（见图7-4），分别计算两种方案的期望收益率、标准差和变异系数，填写投资决策表。

说明： 计算结果保留两位小数。

背景资料：

未来经济景气情况及收益率预测

经济景气情况	发生概率	高科技产品的预期收益率（%）	老产品的预期收益率（%）
繁　荣	0.3	90	20
正　常	0.4	15	15
衰　退	0.3	-60	10
合　计	1.0	—	—

图7-4　未来经济景气情况及收益率预测

单据：

投资决策表

项　目	高科技产品	老产品
期望收益率（%）		
标准差（%）		
变异系数		
投资决策（填写"是"或"否"）		

任务7.2　长期投资决策的方法

【业务7.2.1】

金陵饮料公司现有果汁、纯净水和碳酸饮料3种投资方案,请根据背景资料(见图7-5),采用会计收益率法选出最优投资方案,填写投资决策表(会计收益率法)。

说明:计算结果有小数位的保留两位小数,无小数位的保留整数。

背景资料:

3种投资方案现金流量表

单位:万元

年　份	果汁		纯净水		碳酸饮料	
	净收益	现金净流量	净收益	现金净流量	净收益	现金净流量
第0年	0	−30000	0	−12000	0	−15000
第1年	2800	17800	−2000	2000	900	5900
第2年	3800	18800	3500	7500	900	5900
第3年	0	0	3500	7500	900	5900
合　计	6600	6600	5000	5000	2700	2700

图7-5　3种投资方案现金流量表

单据:

投资决策表（会计收益率法）

项　目	果　汁	纯净水	碳酸饮料
年平均净收益（万元）			
原始投资额（万元）			
会计收益率（%）			
投资决策（填写"是"或"否"）			

【业务7.2.2】

承接业务7.2.1,请根据背景资料(见图7-5),采用投资回收期法选出最优投资方案,填写投资决策表(投资回收期法)。

说明:计算结果有小数位的保留两位小数,无小数位的保留整数。

单据:

投资决策表（投资回收期法）

项　目	果　汁	纯净水	碳酸饮料
投资回收期（年）			
投资决策（填写"是"或"否"）			

【业务 7.2.3】

承接业务 7.2.1，请根据背景资料（见图 7-5），采用净现值法选出最优投资方案，填写投资决策表（净现值法）。

说明： 假定年利率为 10％，计算结果有小数位的保留两位小数，无小数位的保留整数。

单据：

投资决策表（净现值法）

项　目	果　汁	纯净水	碳酸饮料
第 0 年现金净流量现值（万元）			
第 1 年现金净流量现值（万元）			
第 2 年现金净流量现值（万元）			
第 3 年现金净流量现值（万元）			
净现值（万元）			
投资决策（填写"是"或"否"）			

【业务 7.2.4】

承接业务 7.2.1，请根据背景资料（见图 7-5），采用现值指数法选出最优投资方案，填写投资决策表（现值指数法）。

说明： 假定年利率为 10％，计算结果有小数位的保留两位小数，无小数位的保留整数。

单据：

投资决策表（现值指数法）

项　目	果　汁	纯净水	碳酸饮料
现金流入量现值（万元）			
现金流出量现值（万元）			
现值指数（万元）			
投资决策（填写"是"或"否"）			

【业务 7.2.5】

承接业务 7.2.1,请根据背景资料(见图 7-5),采用内部收益率法选出最优投资方案,填写投资决策表(内部收益率法)。

说明:假定年利率为 10%,计算结果有小数位的保留两位小数,无小数位的保留整数。$(P/A,8\%,3)=2.5771,(P/A,9\%,3)=2.5313$。

单据:

投资决策表（内部收益率法）

项　目	果　汁	纯净水	碳酸饮料
内部收益率（%）			
投资决策（填写"是"或"否"）			

任务 7.3　固定资产更新决策

【业务 7.3.1】

金陵钱多多公司计划进行设备更新,请根据背景资料(见图 7-6),运用平均年成本法判断设备更新方案是否经济可行,填写固定资产更新决策表(平均年成本法)。

说明:不考虑资金时间价值以及所得税的影响,计算结果保留整数。

背景资料:

新、旧设备分析测算表

项　目	旧设备	新设备
原值（元）	22000	24000
预计使用年限（年）	10	10
已使用年限（年）	4	0
最终残值（元）	2000	3000
变现价值（元）	6000	24000
年付现成本（元）	7000	4000

图 7-6　新旧设备分析测算表

单据:

固定资产更新决策表（平均年成本法）

项　目	结　果
使用旧设备的平均年成本（元）	
使用新设备的平均年成本（元）	
固定资产更新决策（填写"是"或"否"）	

【业务 7.3.2】

承接业务 7.3.1,假定金陵钱多多公司要求的最低投资报酬率为 15%,请根据背景资料(见图 7-6),运用平均年成本法判断设备更新方案是否经济可行,填写固定资产更新决策表(平均年成本法)。

说明:考虑资金时间价值,不考虑所得税影响,计算结果保留两位小数。$(P/A, 15\%, 6) = 3.7845$,$(P/F, 15\%, 6) = 0.4323$,$(P/A, 15\%, 10) = 5.0188$,$(P/F, 15\%, 10) = 0.2472$。

单据:

固定资产更新决策表(平均年成本法)

项 目	结 果
使用旧设备的平均年成本现值(元)	
使用新设备的平均年成本现值(元)	
固定资产更新决策(填写"是"或"否")	

【业务 7.3.3】

金陵钱多多公司拟用一台新设备更新旧设备,以减少成本提高收益。新旧设备均采用直线法计提折旧。公司的资金成本为 10%,所得税税率为 25%。请根据背景资料(见图 7-7),填写继续使用旧设备现金流量计算表。

说明:现金流出用"一"号表示。计算结果有小数位的保留两位小数,无小数位的保留整数。

背景资料:

使用新旧设备的相关数据

项 目	旧设备	新设备
买价(元)	100000	130000
使用年限(年)	5	6
尚可使用年限(年)	3	6
现在的变现价值(元)	30000	—
预计残值(元)	0	100
每年收入(元)	50000	50000
每年付现成本(元)	15000	10000
年折旧(元)	20000	20000

图 7-7 使用新旧设备的相关数据

单据：

继续使用旧设备现金流量计算表

项目	现金流量（元）	年份	折现系数	现值（元）
初始投资		第0年	1	
年税后营业收入		第1~3年	2.4869	
年税后付现成本		第1~3年	2.4869	
年折旧减税		第1~3年	2.4869	

【业务 7.3.4】

承接业务 7.3.3,请填写使用新设备现金流量计算表。

说明：现金流出用"－"号表示。计算结果有小数位的保留两位小数,无小数位的保留整数。

单据：

使用新设备现金流量计算表

项目	现金流量（元）	年份	折现系数	现值（元）
初始投资		第0年	1	
年税后营业收入		第1~6年	4.3553	
年税后付现成本		第1~6年	4.3553	
年折旧减税		第1~6年	4.3553	
残值		第6年	0.5645	

【业务 7.3.5】

承接业务 7.3.3 和业务 7.3.4,请填写投资决策表(年均净现值法)。

说明：年金现值系数保留 4 位小数,其他保留两位小数。

单据：

投资决策表（年均净现值法）

项　目	旧设备	新设备
净现值（元）		
年金现值系数		
年均净现值（元）		
投资决策（填写"是"或"否"）		

任务 7.4 长期投资决策的敏感性分析

【业务 7.4.1】

金陵钱多多公司拟引进一条新的生产线,投资总额为 3000 万元,预计使用 5 年,期末净残值率为 10%,公司固定资产按直线法计提折旧,期末净残值全额回收。该投资的必要报酬率为 15%,公司适用的所得税税率为 25%。请根据背景资料(见图 7-8),填写净现值计算表。

说明: 现金流出以"-"表示。计算结果有小数位的保留两位小数,无小数位的保留整数。

背景资料:

营业收入与付现成本预测表

单位:万元

项 目	第 1 年	第 2 年	第 3 年	第 4 年	第 5 年
营业收入	2000	2000	2000	2000	2000
付现成本	960	960	960	960	960

图 7-8 营业收入与付现成本预测表

单据:

净现值计算表

项 目	现金流量(万元)	年份	折现系数	现值(万元)
初始投资		第 0 年	1	
营业收入		第 1~5 年	—	—
付现成本		第 1~5 年	—	—
年折旧		第 1~5 年	—	—
所得税		第 1~5 年	—	—
年经营现金净流量		第 1~5 年	3.3522	
残值		第 5 年	0.4972	
净现值	—	—	—	

【业务 7.4.2】

承接业务 7.4.1,填写年经营现金净流量下限计算表。

说明: 现金流出以"-"表示。年金现值系数和复利现值系数保留 4 位小数,其他有小数位的保留两位小数,无小数位的保留整数。

单据：

年经营现金净流量下限计算表

项　目	数　值
初始投资（万元）	
残值（万元）	
使用年限（年）	
年金现值系数	
复利现值系数	
年经营现金净流量下限（万元）	

【业务 7.4.3】

承接业务 7.4.1，填写使用寿命下限计算表。

说明：现金流出以"－"表示。假定使用寿命用 n 表示，采用内插法计算。年金现值系数和复利现值系数保留四位小数，其他有小数位的保留两位小数，无小数位的保留整数。

单据：

使用寿命下限计算表

项　目	$n＝4$	$n＝5$
初始投资（万元）		
年经营现金净流量（万元）		
残值（万元）		
处置固定资产损失抵税（万元）		
年金现值系数		
复利现值系数		
净现值（万元）		
使用寿命下限（年）		

【业务 7.4.4】

承接业务 7.4.1，请填写投资报酬率上限计算表。

说明：现金流出以"－"表示。假定投资报酬率用 R 表示，采用内插法计算。年金现值系数和复利现值系数保留 4 位小数，其他有小数位的保留两位小数，无小数位的保留整数。

单据：

投资报酬率上限计算表

项　目	R＝16%	R＝17%	R＝18%
初始投资（万元）			
年经营现金净流量（万元）			
残值（万元）			
年金现值系数			
复利现值系数			
净现值（万元）			
投资报酬率上限（%）			

 项目 8

全面预算管理

任务 8.1　全面预算体系

【业务 8.1.1】

全面预算体系主要包括日常业务预算、专门决策预算和财务预算三大部分。请将下列细分预算按照上述划分方法进行归类,将细分预算对应选项填入预算分类表中:A. 销售预算;B. 现金预算;C. 长期筹资预算;D. 利润预算;E. 生产预算;F. 费用预算;G. 长期投资预算;H. 财务状况预算;I. 成本预算。

单据:

预算分类表

全面预算体系构成	细分预算对应选项
日常业务预算	
专门决策预算	
财务预算	

【业务 8.1.2】

(单选题)张丽在金陵钱多多公司实习,主管让她试着制订下一年度的全面预算,张丽不知从何处着手。如果你是张丽,你会从编制(　　)开始。

A. 生产预算　　　　B. 资本预算　　　　C. 材料采购预算　　D. 销售预算

任务 8.2　全面预算编制方法

【业务 8.2.1】

金陵钱多多公司生产的数码相机,销售单价为 2000 元/台。请根据背景资料(见图 8-1),编制 2017 年销售额固定预算表。

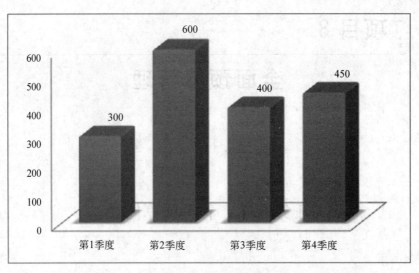

图 8-1　2017 年分季度销售量预测图

单据：

2017 年销售额固定预算表

项　目	第 1 季度	第 2 季度	第 3 季度	第 4 季度	全年合计
预计销售量（台）					
销售单价（元/台）					
预计销售额（元）					

【业务 8.2.2】

金陵钱多多公司生产的数码相机，销售单价为 2000 元/台。请根据背景资料(见图 8-2)，编制 2017 年营业净利润弹性预算表。

背景资料：

数码相机成本资料

成本项目	金　额
单位变动成本（元/台）	800
固定成本（元）	466000

图 8-2　数码相机成本资料

单据：

2017 年营业净利润弹性预算表

单位：元

项　目	1550 台	1650 台	1750 台	1850 台	1950 台
销售收入					
减：变动成本					
贡献毛益					
减：固定成本					
营业净利润					

【业务 8.2.3】

金陵钱多多公司现有的各项业务活动都是必需的,公司 2017 年将采取一系列措施,包括扩大影响力、增加业务量、节约办公费等,预计将对管理费用产生一定的影响,请根据背景资料(见图 8-3 和图 8-4),编制 2017 年管理费用增量预算。

背景资料：

2016 年管理费用资料

单位：元

费用项目	金额
租　金	50000
水电费	8000
办公费	70000
保险费	30000
差旅费	20000
培训费	50000
广告费	30000
合　计	258000

图 8-3　2016 年管理费用资料

预计 2017 年管理费用变动情况

费用项目	变动情况
水电费	减少 5%
办公费	减少 10%
广告费	增加 30%
差旅费	增加 10%
其他费用	保持不变

图 8-4　预计 2017 年管理费用变动情况

单据：

2017 年管理费用增量预算表

单位：元

费用项目	金　额
租　金	
水电费	
办公费	
保险费	
差旅费	
培训费	
广告费	
合　计	

【业务 8.2.4】

金陵钱多多公司行政部门提出的 2017 年管理费用预算总额为 31800 元,而公司管理层审批的金额只有 26200 元,请根据背景资料(见图 8-5～图 8-7),编制 2017 年管理费用零基预算调整表。

说明:预算落实比率＝分配资金÷费用计划×100%。不可避免项目的预算落实比率为 100%,可避免项目(二级)的预算落实比率为 90%,可避免项目(三级)的预算落实比率根据成本收益率确定。

背景资料:

2017 年管理费用预算

单位：元

费用项目	金　额
租　金	5000
水电费	800
办公费	7000
广告费	6000
保险费	2000
差旅费	2800
培训费	6000
其他费用	2200
合　计	31800

图 8-5　2017 年管理费用预算

2017年管理费用审核情况

费用项目	费用性质	优先级别
租　金	不可避免项目	一级
水电费	不可避免项目	一级
办公费	可避免项目	二级
广告费	可避免项目	三级
保险费	可避免项目	二级
差旅费	可避免项目	二级
培训费	可避免项目	三级
其他费用	可避免项目	二级

图 8-6　2017 年管理费用审核情况

广告费、培训费成本效益分析

费用项目	成本	收益	成本收益率
广告费	1	40	40∶1
培训费	1	25	25∶1

图 8-7　广告费、培训费成本效益分析

单据:

2017年管理费用零基预算调整表

费用顺序	费用项目	计划数（元）	优先级别	预算落实比例（%）	预算落实数（元）
1	租金	5000	一级		
2	水电费	800	一级		
3	办公费	7000	二级		
4	保险费	2000	二级		
5	差旅费	2800	二级		
6	其他费用	2200	二级		
7	广告费	6000	三级		
8	培训费	6000	三级		
合　计		31800	—	—	

【业务 8.2.5】

金陵钱多多公司生产的数码相机,销售单价为 2000 元/台,预计销售费用占销售收入的 10%,请根据背景资料(见图 8-8 和图 8-9),编制 2017 年销售利润定期预算表。

说明：假设管理费用各季度均匀发生。

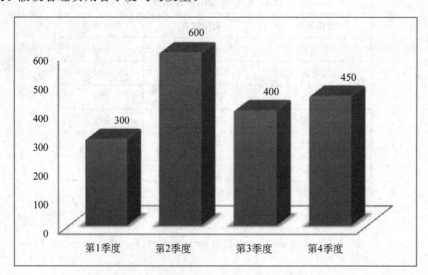

图 8-8　2017 年分季度销售量预测图

产品成本与管理费用资料

费用项目	金　额
单位产品成本（元/台）	800
年度管理费用（元）	600000

图 8-9　产品成本与管理费用资料

单据：

2017 年销售利润定期预算表

项　目	第 1 季度	第 2 季度	第 3 季度	第 4 季度	全年合计
预计销售量（台）					
销售单价（元/台）					
预计销售收入（元）					
减：产品成本（元）					
销售费用（元）					
管理费用（元）					
销售利润（元）					

【业务 8.2.6】

承接业务 8.2.5，假定金陵钱多多公司按季度采用滚动预算法编制销售利润预算。2017 年第 1 季度结束后，公司分析了预算和实际的差异，对销售预测进行了调整，请根据背景资料（见图 8-10 和图 8-11），编制销售利润滚动预算表。

背景资料:

2017 年第 1 季度销售利润差异分析

项　目	第 1 季度预算	第 2 季度实际	差　异
销售量（台）	300	340	40
单位产品成本（元/台）	800	800	0
销售单价（元/台）	2000	2050	50
销售收入（元）	600000	697000	97000
减：产品生产成本（元）	240000	272000	32000
销售费用（元）	60000	69700	9700
管理费用（元）	150000	155000	5000
销售利润（元）	150000	200300	50300

图 8-10　2017 年第 1 季度销售利润差异分析

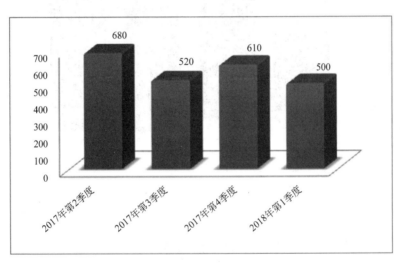

图 8-11　调整后的季度销售量预测图

单据:

销售利润滚动预算表

项　目	2017 年第 2 季度	2017 年第 3 季度	2017 年第 4 季度	2018 年第 1 季度
预计销售量（台）				
销售单价（元/台）				
预计销售收入（元）				
减：产品成本（元）				
销售费用（元）				
管理费用（元）				
销售利润（元）				

任务 8.3　全面预算的编制

【业务 8.3.1】

金陵钱多多公司 2016 年第 4 季度数码相机销售收入为 800000 元,公司的信用销售政策为本季度收回 60％货款,剩余部分于下季度全部收回。公司 2017 年数码相机的预计销售单价为 2000 元/台,请根据背景资料(见图 8-12),编制 2017 年销售预算表。

背景资料:

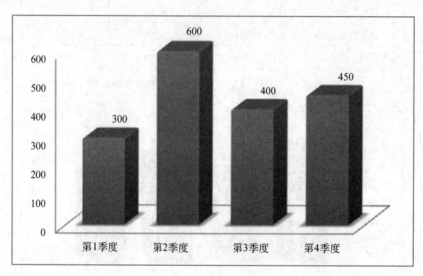

图 8-12　2017 年分季度销售量预测图

单据:

2017 年销售预算表

项　　目	第1季度	第2季度	第3季度	第4季度	全年合计
销售数量（台）					
销售单价（元/台）					
销售收入（元）					
上期应收账款（元）					
本期销售现金流入（元）					
现金流入合计（元）					

【业务 8.3.2】

承接业务 8.3.1,金陵钱多多公司按照下期预计销售量的 10％安排期末存量,根据长期销售趋势预计 2017 年年末存量为 50 台。请编制 2017 年生产预算表。

单据：

2017 年生产预算

单位：台

项 目	第1季度	第2季度	第3季度	第4季度	全年合计
销售数量					
加：期末存量					
产品需要总量					
减：预计期初存量					
生产数量					

【业务 8.3.3】

承接业务 8.3.1 和业务 8.3.2,金陵钱多多公司材料期末存量为下期生产耗用数量的 20%,2017 年材料期末存量根据经验应保持在 600 千克的水平,单位产品耗用量为 6 千克/台,材料采购单价为 80 元/千克,材料采购金额的 50% 在本季度付清,50% 在下季度付清,2016 年年末采购材料应付款为 50000 元。请编制 2017 年直接材料预算表。

单据：

2017 年直接材料预算表

项 目	第1季度	第2季度	第3季度	第4季度	全年合计
生产数量（台）					
生产耗用数量（千克）					
加：期末存量（千克）					
减：期初存量（千克）					
材料采购总量（千克）					
材料采购金额（元）					
上期应付采购货款（元）					
本期采购现金流出（元）					
现金流出合计（元）					

【业务 8.3.4】

承接业务 8.3.1～业务 8.3.3,金陵钱多多公司生产车间工人工资为 8 元/小时,生产一台数码相机需要直接人工 24 小时。请根据业务 8.3.2 编制的 2017 年生产预算表编制 2017 年直接人工预算表。

单据：

2017 年直接人工预算表

项　目	第1季度	第2季度	第3季度	第4季度	全年合计
生产数量（台）					
单位产品工时（小时）					
人工工时总量（小时）					
每小时人工费用（元/小时）					
人工费用合计（元）					

【业务 8.3.5】

承接业务 8.3.1～业务 8.3.4,金陵钱多多公司预计 2017 年各月的制造费用与 2016 年 12 月保持一致,请根据业务 8.3.2 编制的 2017 年生产预算表和背景资料（见图 8-13）,编制 2017 年制造费用预算表。

背景资料：

2016 年 12 月制造费用明细

单位：元

项　目	单位变动性制造费用	总费用
变动性制造费用总额	50	5000
其中：间接材料	10	1000
间接人工	20	2000
其他变动性费用	20	2000
固定性制造费用总额	5000	5000
其中：折旧费	—	1300
管理人员工资	—	3400
其他固定性费用	—	300
制造费用合计	—	10000

图 8-13　2016 年 12 月制造费用明细

单据：

2017 年制造费用预算表

项　目	第1季度	第2季度	第3季度	第4季度	全年合计
生产数量（台）					
单位变动性制造费用（元/台）					
变动性制造费用总额（元）					
其中：间接材料（元）					
间接人工（元）					
其他变动性费用（元）					
固定性制造费用总额（元）					
其中：折旧费（元）					
管理人员工资（元）					
其他固定性费用（元）					
制造费用合计（元）					
减：折旧费（元）					
现金流出合计（元）					

【业务 8.3.6】

承接业务 8.3.1～业务 8.3.5,请编制 2017 年产品成本预算表。

说明：期初存货成本为 22680 元,固定性制造费用按分配率分配,差额忽略。计算结果有小数位的保留两位小数,无小数位的保留整数。

单据:

2017 年产品成本预算表

项　目	单　价（元/千克）	单位用量（千克/台）	单位成本（元/台）	生产成本（元）	期末存货成本（元）	销货成本（元）
直接材料						
直接人工						
变动性制造费用	—	—				
固定性制造费用	—	—				
合计	—	—				

【业务 8.3.7】

承接业务 8.3.1～业务 8.3.6,金陵钱多多公司销售部预测,公司 2017 年每季度的固定性销售费用与 2016 年第 4 季度相同,变动性销售费用随销售量变动而变动。请根据背景资料(见图 8-14),编制 2017 年销售费用预算表。

背景资料:

2016 年第 4 季度销售费用明细

单位:元

项 目	单位变动性销售费用	总费用
变动性销售费用	70	28000
其中:销售佣金	30	12000
运费	20	8000
促销费	20	8000
固定性销售费用	—	15000
其中:人员工资	—	10000
折旧费	—	5000
销售费用合计	—	43000

图 8-14 2016 年第 4 季度销售费用明细

单据:

2017 年销售费用预算表

单位:元

项 目	单位变动性销售费用	第1季度	第2季度	第3季度	第4季度	全年合计
变动性销售费用						
其中:销售佣金						
运费						
促销费						
固定性销售费用	—					
其中:人员工资	—					
折旧费	—					
销售费用合计	—					

【业务 8.3.8】

承接业务 8.3.1~业务 8.3.7,请根据背景资料(见图 8-15 和图 8-16),编制 2017 年管理费用预算表。

说明:计算结果采用进一法保留整数,后一步计算用到前一步结果的,用保留后的数值进行计算。

背景资料：

2016年管理费用明细

单位：元

项　目	第1季度	第2季度	第3季度	第4季度	全年合计
保险费	10000	10000	10000	10000	40000
广告费	15800	24000	20000	20200	80000
租金	6000	6000	6000	6000	24000
水电费	1700	1800	1800	1700	7000
办公费	17000	18000	18000	17000	70000
差旅费	5000	5000	7000	6000	23000
培训费	15000	15000	15000	15000	60000
其他费用	4000	4500	4000	3500	16000
合　计	74500	84300	81800	79400	320000

图 8-15　2016 年管理费用明细

2017年管理费用预测

根据2016年各季度的实际费用和2017年的年度销售计划，公司对2017年的管理费用做出如下预测。

1. 从2016年下半年开始，因公司产量增加，2017年每季度保险费将增加到12000元。

2. 差旅费与销售量之间存在线性关系，公司统计结果表明，差旅费为季度销量的20倍。

3. 夏、秋两季天气炎热，水电耗用量相对较大，因而水电费较高。公司每年的水电耗用量变动不大，但2017年年初水电费提价，公司预计每季度水电费将比上年同期提高20%。

4. 公司为进一步扩大销售，计划增加广告费，在2016年同期水平的基础上增加5%。

5. 由于公司精减人员，提倡节约，预计办公费和其他费用将比去年同期下降10%。

6. 公司与房地产开发商签订了长期租赁合同，与培训机构也签订了长期培训协议，租金和培训费与2016年同期持平。

7. 2017年第4季度由于时间长远，无法做出准确预测，所以办公费、其他费用暂定与第1季度相同，视实际情况再做调整。

图 8-16　2017 年管理费用预测

单据：

2017年管理费用预算表

单位：元

项　目	第1季度	第2季度	第3季度	第4季度	全年合计
保险费					
广告费					
租金					
水电费					
办公费					
差旅费					
培训费					
其他费用					
合　计					

【业务 8.3.9】

承接业务 8.3.1～业务 8.3.8，金陵钱多多公司按年度分季编制现金预算，2017 年期初现金余额为 157000 元，长期借款期初余额为 6000000 元。请根据背景资料（见图 8-17～图 8-19），编制 2017 年现金预算表。

说明：人员工资都在当季支付，间接材料因用量较少，所以都在生产当季购买，借款都发生在期初，还款都发生在期末，所有借款均为 3 年期长期借款，借款利率为 5.4%。全年的期初现金余额、可供使用现金、现金结余或不足、期末现金余额并非各季度的简单加总。现金不足以"－"号表示。

背景资料：

2017年专门决策预算（借贷款预算）

单位：元

专门业务名称	第1季度	第2季度	第3季度	第4季度	全年合计
筹集资金	0	300000	0	2000000	2300000
归还借款	0	0	200000	0	200000

图 8-17　2017 年专门决策预算（借贷款预算）

2017年专门决策预算（资本性支出预算）

单位：元

专门业务名称	第1季度	第2季度	第3季度	第4季度	全年合计
购买生产设备	0	558000	0	2218500	2776500
购买办公设备	0	0	172000	0	172000
合　计	0	558000	172000	2218500	2948500

图 8-18　2017 年专门决策预算（资本性支出预算）

2017年专门决策预算（所得税和股利预算）

单位：元

专门业务名称	第1季度	第2季度	第3季度	第4季度	全年合计
预缴所得税	30000	60000	40000	45000	175000
支付股利	279000	0	0	0	279000

图8-19　2017年专门决策预算(所得税和股利预算)

单据：

2017年现金预算表

单位：元

项　目	第1季度	第2季度	第3季度	第4季度	全年合计
期初现金余额					
加：应收账款收回及销售收入					
可供使用现金					
减：现金支出	—	—	—	—	—
直接材料					
直接人工					
制造费用					
销售及管理费用					
购置固定资产					
预缴所得税					
支付股利					
现金支出合计					
现金结余或不足					
筹集资金	—	—	—	—	—
向银行借款（期初）					
归还银行借款（期末）					
支付利息					
期末现金余额					

【业务8.3.10】

承接业务8.3.1～业务8.3.9,金陵钱多多公司的企业所得税税率为25%,请采用变动成本法编制2017年预计利润表。

说明：计算结果有小数位的保留两位小数,无小数位的保留整数。

单据：

2017 年预计利润表

单位：元

项　目	金　额
销售收入	
减：变动成本	
其中：变动性生产成本	
变动性销售及管理费用	
贡献毛益总额	
减：期间成本	
其中：固定性制造费用	
固定性销售及管理费用	
营业利润	
减：利息费用	
税前利润	
减：所得税	
净利润	

【业务 8.3.11】

承接业务 8.3.1～业务 8.3.10，金陵钱多多公司的企业所得税税率为 25%，请根据背景资料（见图 8-20），编制 2017 年预计资产负债表。

说明：①不考虑除所得税外的其他税费；②公司贷款全部是长期贷款；③2017 年股本、持有至到期投资和长期股权投资与 2016 年相比都没有变化。计算结果有小数位的保留两位小数，无小数位的保留整数。

背景资料：

预计利润分配表

单位：元

项　目	金　额
年初未分配利润	1936000
加：本年预计净利润	972731.25
可供分配的利润	2908731.25
减：提取盈余公积	194546.25
可供投资者分配的利润	2714185
减：向投资者分配股利	600000
年末未分配利润	2114185

图 8-20　预计利润分配表

单据：

2017年预计资产负债表

单位：元

资　　产	期初数	期末数	负债及所有者权益	期初数	期末数
现金及现金等价物	157000		应付账款	50000	
应收账款	320000		应付股利	279000	
原材料	31680		应交税费	0	
产成品	22680		长期借款	6000000	
持有至到期投资	300000		负债合计	6329000	
固定资产	15000000		股本	3000000	
减：累计折旧	4633360		盈余公积	1200000	
固定资产净值	10366640		未分配利润	1936000	
长期股权投资	1267000		所有者收益合计	6136000	
资产合计	12465000		负债及所有者权益合计	12465000	

【业务 8.3.12】

承接业务 8.3.1～业务 8.3.11,请编制金陵钱多多公司 2017 年预计现金流量表。

说明：①除购买固定资产外没有其他投资活动;②除向银行借款外没有其他筹资活动;③不考虑所得税外的其他税费;④公司没有发生过外币业务;⑤无金额的填写 0。

单据：

2017 年预计现金流量表

单位：元

项　目	金额
一、经营活动产生的现金流量：	
销售商品、提供劳务收到的现金	
收到的税费返还	
收到其他与经营活动有关的现金	
经营活动现金流入小计	
购买商品、接受劳务支付的现金	
支付给职工以及为职工支付的现金	
支付的各项税费	
支付的其他与经营活动有关的现金	
经营活动现金流出小计	
经营活动产生的现金流量净额	
二、投资活动产生的现金流量：	
收回投资所收到的现金	
取得投资收益所收到的现金	
处置固定资产、无形资产和其他长期资产所收到的现金净额	
处置子公司及其他营业单位收到的现金净额	
收到的其他与投资活动有关的现金	
投资活动现金流入小计	
购建固定资产、无形资产和其他长期资产所支付的现金	
投资所支付的现金	
取得子公司及其他营业单位支付的现金净额	
支付的其他与投资活动有关的现金	
投资活动现金流出小计	
投资活动产生的现金流量净额	
三、筹资活动产生的现金流量：	
吸收投资所收到的现金	
借款所收到的现金	
收到的其他与筹资活动有关的现金	
筹资活动现金流入小计	
偿还债务所支付的现金	
分配股利、利润或偿付利息所支付的现金	
支付的其他与筹资活动有关的现金	
筹资活动现金流出小计	
筹资活动产生的现金流量净额	
四、汇率变动对现金的影响额	
五、现金及现金等价物净增加额	
加：期初现金及现金等价物余额	
六、期末现金及现金等价物余额	

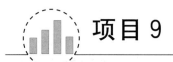

项目 9

标准成本控制

任务 9.1　变动成本标准及差异分析

【业务 9.1.1】

金陵工艺品公司使用檀木生产加工牌匾，使用标准成本法对牌匾的生产进行成本计算，请根据背景资料（见图 9-1），填写直接材料标准成本计算表。

背景资料：

直接材料成本预算资料

项　目	数　值
预计含税采购价格（元/千克）	108
装卸检验等成本（元/千克）	2
直接材料标准价格（元/千克）	110
材料设计用量（千克/件）	4.50
允许损耗量（千克/件）	0.50
直接材料标准用量（千克/件）	5

图 9-1　直接材料成本预算资料

单据：

直接材料标准成本计算表

项　目	数　值
直接材料标准价格（元/千克）	
直接材料标准用量（千克/件）	
直接材料标准成本（元/件）	

【业务 9.1.2】

承接业务 9.1.1，金陵工艺品公司采购檀木的实际单价为 100 元/千克，2017 年 4 月生产牌匾 200 件，请根据背景资料（见图 9-2），填写直接材料成本差异分析表。

背景资料：

原材料定额成本和脱离定额差异计算表

材料名称	计量单位	标准价格	定额成本		计划价格费用		脱离定额差异	
			单位产品标准用量	实际产量标准用量	金额	实际消耗量	金额	消耗量差异	费用差异
檀木	千克	110	5	1000	110000	900	99000	−100	−11000

图 9-2　原材料定额成本和脱离定额差异计算表

单据：

直接材料成本差异分析表

单位：元

项　目	金　额	差异性质（填写"有利""不利""无"）
直接材料价格差异		
直接材料用量差异		
直接材料成本差异		

【业务 9.1.3】

承接业务 9.1.1 和业务 9.1.2，请根据背景资料（见图 9-3），填写直接人工标准成本计算表。

背景资料：

直接人工成本预算资料

项　目	数　值
每人月工时（工时）	176（8 小时/天×22 天）
生产工人总数（人）	100
每月总工时（工时）	17600
工资率（元/工时）	7.90
职工福利费计提比例（%）	14
直接人工标准价格（元/工时）	9
加工时间（工时/件）	25
休息时间（工时/件）	2
其他时间（工时/件）	1
直接人工标准用量（工时/件）	28

图 9-3　直接人工成本预算资料

单据：

直接人工标准成本计算表

项　目	数　值
直接人工标准价格（元/工时）	
直接人工标准用量（工时/件）	
直接人工标准成本（元/件）	

【业务 9.1.4】

承接业务 9.1.1～业务 9.1.3,金陵工艺品公司 2017 年 4 月生产牌匾 200 件,实际耗用工时 8000 小时,实际工资总额为 80000 元。请填写直接人工标准成本差异分析表。

单据：

直接人工标准成本差异分析表

项　目	数值	差异性质（填写"有利""不利""无"）
实际工资率（元/工时）		—
标准工资率（元/工时）		
直接人工工资率差异（元）		
直接人工效率差异（元）		
直接人工成本差异（元）		

【业务 9.1.5】

承接业务 9.1.1～业务 9.1.4,请根据背景资料(见图 9-4),填写变动性制造费用分配率计算表。

背景资料：

制造费用成本预算资料

项　目	数　值
变动性制造成本预算（元）	18000
其中：间接材料	7000
间接人工	6000
水电费	5000
固定性制造费用预算	24000
其中：管理人员工资	20000
折旧费	2000
其他费用	2000
标准工时预算（小时）	6000
用量标准（小时/件）	30

图 9-4　制造费用成本预算资料

单据：

变动性制造费用分配率计算表

项　目	数　值
变动性制造成本预算（元）	
标准工时预算（小时）	
变动性制造费用分配率（元/小时）	

【业务 9.1.6】

承接业务 9.1.1～业务 9.1.5,金陵工艺品公司 2017 年 4 月实际耗用工时 8000 小时,实际发生变动性制造费用 20000 元。请填写变动性制造费用标准成本差异分析表。

单据：

变动性制造费用标准成本差异分析表

单位：元

项　目	金　额	差异性质（填写"有利""不利""无"）
变动性制造费用分配率差异		
变动性制造费用效率差异		
变动性制造费用差异		

任务 9.2　固定性制造费用标准及差异分析

【业务 9.2.1】

承接业务 9.1.1～业务 9.1.6,请根据背景资料(见图 9-4),填写固定性制造费用分配率计算表。

单据：

固定性制造费用分配率计算表

项　目	数　值
固定性制造成本预算（元）	
标准工时预算（小时）	
固定性制造费用分配率（元/小时）	

【业务 9.2.2】

承接业务 9.2.1,请填写制造费用标准成本计算表。

单据：

制造费用标准成本计算表

项　目	数　值
变动性制造费用分配率（元/小时）	
固定性制造费用分配率（元/小时）	
制造费用分配率（元/小时）	
用量标准（小时/件）	
制造费用标准成本（元/件）	

【业务 9.2.3】

承接业务 9.2.1 和业务 9.2.2，金陵工艺品公司 2017 年 4 月生产牌匾实际耗用工时 8000 小时，实际发生固定性制造费用 26000 元。请利用二因素分析法，填写固定性制造费用成本差异分析表。

单据：

固定性制造费用成本差异分析表（二因素分析法）

项　目	数值	差异性质（填写"有利""不利""无"）
固定性制造费用实际金额（元）		—
标准工时预算（小时）		—
实际产量标准工时（小时）		—
实际工时（小时）		—
固定性制造费用差异（元）		
其中：耗费差异		
能量差异		

【业务 9.2.4】

承接业务 9.2.1～业务 9.2.3，金陵工艺品公司 2017 年 4 月生产牌匾实际耗用工时 8000 小时，实际发生固定性制造费用 26000 元。请利用三因素分析法，填写固定性制造费用成本差异分析表。

单据：

固定性制造费用成本差异分析表（三因素分析法）

项　目	数　值	差异性质（填写"有利""不利""无"）
固定性制造费用实际金额（元）		—
标准工时预算（小时）		—
实际产量标准工时（小时）		—
实际工时（小时）		—
固定性制造费用差异（元）		
其中：耗费差异		
闲置能量差异		
效率差异		

项目 10

责 任 会 计

任务 10.1　责 任 中 心

【业务 10.1.1】

　　金陵箱包公司第一车间为成本中心,该车间只生产儿童背包,2016 年实际销售 6000 件,实际单位材料成本 96 元/件。请根据背景资料(见图 10-1),计算直接材料的责任成本变动额和变动率,填写成本中心直接材料考核指标计算表。

　　背景资料:

第一车间成本预算资料

项　目	数　值
预计产量（件）	5000
单位标准材料成本（元/件）	100
单位标准人工成本（元/件）	15
单位标准制造费用（元/件）	35

图 10-1　第一车间成本预算资料

　　单据:

成本中心直接材料考核指标计算表

项　目	数　值
实际责任成本（元）	
预算责任成本（元）	
责任成本变动额（元）	
责任成本变动率（%）	

【业务 10.1.2】

　　金陵箱包公司第二车间为利润中心,请根据背景资料(见图 10-2),填写利润中心考核指标计算表。

背景资料：

第二车间收入成本资料

单位：元

项　目	数　值
内部销售收入	500000
变动成本	30000
可控固定成本	40000
不可控固定成本	60000

图 10-2　第二车间收入成本资料

单据：

利润中心考核指标计算表

单位：元

项　目	数　值
利润中心贡献毛益总额	
利润中心负责人可控利润总额	
利润中心可控利润总额	

【业务 10.1.3】

金陵箱包公司 A 投资中心 2016 年投资额为 100000 元，年利润为 18000 元，公司规定 A 投资中心的最低投资报酬率为 15％。请计算 Λ 投资中心的投资报酬率和剩余收益，填写投资中心考核指标计算表。

单据：

投资中心考核指标计算表

项　目	数　值
投资报酬率（％）	
剩余收益（元）	

【业务 10.1.4】

金陵箱包公司 B 投资中心营业资产为 500000 元，营业利润为 100000 元，公司规定 B 投资中心的最低投资报酬率为 15％。公司正在考虑是否引入一项新业务。请根据背景资料（见图 10-3），判断 B 投资中心是否愿意投资新业务，填写投资中心新业务决策表。

背景资料：

新业务可行性分析报告

项目名称：女包生产线

项目需要投入机器5台，预计采购价加安装费用150000元，还需要聘请技术人员对员工进行培训，预计培训相关费用50000元。

投资女包生产线的200000元资金需要通过银行借款筹得。

预计该生产线投入生产后每年可为投资中心带来68000元的利润。

金陵箱包公司B投资中心
2016年12月12日

图 10-3　新业务可行性分析报告

单据：

投资中心新业务决策表

项　目	数　值
投入新业务后的投资报酬率（%）	
投入新业务前的剩余收益（元）	
投入新业务后的剩余收益（元）	
投资决策（填写"是"或"否"）	

任务 10.2　内部转移价格及其应用

【业务 10.2.1】

（单选题）金陵钱多多公司有甲、乙两个生产部门，均为利润中心。甲部门生产的 A 部件既可以直接在市场上出售，也可以作为乙部门生产 B 产品的一种配件；乙部门生产的 B 产品作为最终产品向外部市场销售；A 部件和 B 产品的投入产出比为 1∶1。请根据背景资料（见图 10-4），判断下列情况下采取的是哪种内部转移价格？（　　　）

情况一：甲部门生产的 A 部件最大产量为 1000 件，全部可以在外部市场找到销路，且该部门没有剩余生产能力。乙部门要求将甲部门的单位变动成本作为内部转移价格，即甲部门按 160 元/件的单价将所生产的全部 1000 件 A 部件转移给乙部门。

说明：甲部门 A 部件的销售费用仅在对外销售时才发生。B 产品的单位加工费用不包括 A 部件的单位变动成本。

A. 市场价格　　　B. 协商价格　　　C. 成本转移价格　　　D. 双重转移价格

背景资料：

甲、乙两部门有关单价和成本资料

甲部门		乙部门	
项 目	数 值	项 目	数 值
A部件市场价格（元/件）	200	B产品市场价格（元/件）	400
单位变动成本（元/件）	160	单位加工费用（元/件）	164
单位销售费用（元/件）	20	单位销售费用（元/件）	52
最大产量（件）	1000	预计市场销售量（件）	1000

图 10-4　甲、乙两部门有关单价和成本资料

【业务 10.2.2】

（单选题）承接业务 10.2.1，请判断下列情况下采取的是哪种内部转移价格？（　　）

情况二：甲部门生产的 A 部件最大产量为 1000 件，全部可以在外部市场找到销路，且该部门没有剩余的生产能力。甲部门要求将 A 部件的外销单价作为内部转移价格，即以 200 元/件的单价将所生产的 1000 件 A 部件全部销售给乙部门。

A. 市场价格　　　B. 协商价格　　　C. 成本转移价格　　　D. 双重转移价格

【业务 10.2.3】

（单选题）承接业务 10.2.1，请判断下列情况下采取的是哪种内部转移价格？（　　）

情况三：甲部门按外销单价（200 元/件）与单位销售费用（20 元/件）之差（180 元/件）作为内部转移价格，乙部门按单位变动成本（160 元/件）作为内部转移价格。

A. 市场价格　　　B. 协商价格　　　C. 成本转移价格　　　D. 双重转移价格

【业务 10.2.4】

（单选题）承接业务 10.2.1，请判断下列情况下采取的是哪种内部转移价格？（　　）

情况四：为了鼓励甲部门充分利用闲置生产能力，鼓励乙部门积极从企业内部"采购"，甲、乙两部门协商后，决定按双方都能够接受的 170 元/件作为内部转移价格。

A. 市场价格　　　B. 协商价格　　　C. 成本转移价格　　　D. 双重转移价格

【业务 10.2.5】

金陵汽配公司轮胎分部的生产能力为 200000 个，部门经理预计 2017 年销量为 150000 个。轮胎市场价格为 280 元/个，不论销售对象是谁，轮胎分部的变动销售费用均会发生。金陵汽配公司组装分部的经理计划 2017 年以 180 元/个的价格向轮胎分部购买 50000 个轮胎。

请根据背景资料（见图 10-5 和图 10-6），计算和分析下列问题，填写内部转移价格应用表。

（1）轮胎分部可以接受的最低转移价格；

（2）组装分部可以接受的最高转移价格；

（3）公司是否应该进行轮胎的内部转移；

（4）轮胎分部以 180 元/个的价格将 50000 个轮胎出售给组装分部，将获得多少贡献毛益？

背景资料：

轮胎分部生产成本资料

单位：元/个

项　目	金　额
单位直接材料	80
单位直接人工	40
单位制造费用	80
合计	200

图 10-5　轮胎分部生产成本资料

轮胎分部费用资料

项　目	金　额
单位变动性制造费用（元/个）	30
单位固定性制造费用（元/个）	50
单位制费用合计（元/个）	80
单位变动性销售费用（元/个）	10
固定性销售及管理费用总额（元）	500000

图 10-6　轮胎分部费用资料

单据：

内部转移价格应用表

项　目	结　果
轮胎分部可接受的最低转移价格（元/件）	
组装分部可接受的最高转移价格（元/件）	
是否进行内部转移（填写"是"或"否"）	
轮胎分部获得的贡献毛益（元）	

任务 10.3 责任预算的编制与考核

【业务 10.3.1】

金陵钱多多公司有 4 个分厂,其中一分厂为成本中心,二分厂为利润中心,三分厂和四分厂均为投资中心。请根据背景资料(见图 10-7),编制一分厂成本业绩报告。

背景资料:

一分厂成本预算完成情况

单位:元

成本费用项目	预算	实际
直接材料	550000	520000
直接人工	60000	65000
制造费用	40000	46000
管理人员工资	9000	17000
折旧费	6000	6000
其他费用	7000	9000

图 10-7 一分厂成本预算完成情况

单据:

一分厂成本业绩报告

单位:元

成本费用项目	预算	实际	差异
一分厂可控成本:	—	—	—
直接材料			
直接人工			
制造费用			
厂部可控费用:	—	—	—
管理人员工资			
折旧费			
其他费用			
一分厂责任成本合计			

【业务 10.3.2】

承接业务 10.3.1,金陵钱多多公司二分厂的所得税税率为 25%,请根据背景资料(见

图 10-8),编制二分厂利润报告。

背景资料:

二分厂预算与实际完成情况

单位:元

项 目	预 算	实 际
销售收入	600000	575000
变动成本	350000	350000
其中:变动生产成本	300000	295000
变动性销售及管理费用	50000	55000
固定成本	120000	117000
其中:固定性制造费用	100000	100000
固定性销售及管理费用	20000	17000

图 10-8 二分厂预算与实际完成情况

单据:

二分厂利润报告

单位:元

项 目	预 算	实 际	差 异
销售收入			
变动生产成本			
变动性销售及管理费用			
贡献毛益			
固定性制造费用			
固定性销售及管理费用			
营业利润			
所得税			
净利润			

【业务 10.3.3】

承接业务 10.3.1 和业务 10.3.2,请根据背景资料(见图 10-9),编制三分厂投资业绩报告。

说明:公司要求的最低投资报酬率为 15%。

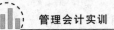

背景资料：

三分厂业绩资料

项　目	数　值
营业资产（元）	288000
销售利润率（%）	12
资产周转率（次）	4

图 10-9　三分厂业绩资料

单据：

三分厂投资业绩报告

项　目	数　值
销售收入（元）	
营业利润（元）	
营业资产（元）	
销售利润率（%）	
资产周转率（次）	
投资报酬率（%）	
剩余收益（元）	

【业务 10.3.4】

承接业务 10.3.1～业务 10.3.3,请根据背景资料(见图 10-10),编制四分厂投资业绩报告。

说明：公司要求的最低投资报酬率为 15%。

背景资料：

四分厂业绩资料

项　目	数　值
营业资产（元）	200000
销售利润率（%）	10
资产周转率（次）	3

图 10-10　四分厂业绩资料

单据：

四分厂投资业绩报告

项　　目	数　　值
销售收入（元）	
营业利润（元）	
营业资产（元）	
销售利润率（%）	
资产周转率（次）	
投资报酬率（%）	
剩余收益（元）	

项目 11

作业成本法

任务 11.1 分层次作业成本计算

【业务 11.1.1】

金陵玩具公司同时生产塑料玩具、毛绒玩具、电子玩具 3 种产品。其中,塑料玩具是老产品,已经有多年的生产历史,比较稳定,每批大量生产 5000 件,年产 60000 件;毛绒玩具是改进产品,每批生产 50 件,年产 30000 件;电子玩具是新产品,每批生产 5 件,年产 6000 件。请根据背景资料(见图 11-1 和图 11-2),采用作业成本法填写材料与人工单位成本表。

背景资料:

金陵玩具公司产品生产成本表

单位:元

成本项目	直接材料	直接人工	制造费用	合 计
塑料玩具	300000	120000	1200000	1620000
毛绒玩具	180000	60000	600000	840000
电子玩具	48000	18000	180000	246000
合 计	528000	198000	1980000	2706000

图 11-1 金陵玩具公司产品生产成本表

依据成本库归集的制造费用表

单位：元

制造费用项目	金　额
间接人工：	
整备工作	320000
材料处理	280000
检验人员	200000
采购人员	210000
产品分类人员	100000
工厂管理人员	160000
小计	1270000
其他制造费用：	
供热和照明	80000
房屋占用	190000
材料处理设备折旧	80000
机器能量	140000
供应商（检验）	70000
供应商（采购）	60000
供应商（产品分类）	40000
供应商（全面管理）	50000
小　计	710000
合　计	1980000

图 11-2　依据成本库归集的制造费用表

单据：

材料与人工单位成本表

单位：元/件

成本项目	塑料玩具	毛绒玩具	电子玩具
直接材料			
直接人工			
合计			

【**业务 11.1.2**】

承接业务 11.1.1,已知生产塑料玩具、毛绒玩具、电子玩具所需的机器工时分别为 1.00、1.50 和 3.50,请采用作业成本法填写机器能量成本分配表。

说明：单位机器工时保留两位小数；分配率保留 4 位小数；分配额保留整数，若有尾差计入电子玩具。

单据：

机器能量成本分配表

产品名称	数量（件）	单位机器工时（小时/件）	工时合计（小时）	分配率（元/小时）	分配额（元）
塑料玩具					
毛绒玩具					
电子玩具					
合　计	—	—			

【业务 11.1.3】

承接业务 11.1.1 和业务 11.1.2，为确保产品质量合格，金陵玩具公司规定：塑料玩具每批检验 25 件，毛绒玩具每批检验 2 件，电子玩具每批检验 1 件，请采用作业成本法填写检验成本分配表。

单据：

检验成本分配表

产品名称	生产批数（批）	每批检验件数（件/批）	检验数量合计（件）	分配率（元/件）	分配额（元）
塑料玩具					
毛绒玩具					
电子玩具					
合　计	—	—			

【业务 11.1.4】

承接业务 11.1.1～业务 11.1.3，金陵玩具公司塑料玩具、毛绒玩具、电子玩具 3 种产品的每批材料移动次数分别为 15 次、25 次、50 次，请采用作业成本法填写材料处理成本分配表。

说明：分配率保留 4 位小数；分配额保留整数，若有尾差计入电子玩具。

单据：

材料处理成本分配表

产品名称	生产批数（批）	每批移动次数（次/批）	移动次数合计（次）	分配率（元/次）	分配额（元）
塑料玩具					
毛绒玩具					
电子玩具					
合　计	—	—			

【业务 11.1.5】

承接业务 11.1.1～业务 11.1.4，金陵玩具公司的每批产品都需要一次标准的整备工作，请采用作业成本法填写整备成本分配表。

说明：分配率保留四位小数；分配额保留整数，若有尾差计入电子玩具。

单据：

整备成本分配表

产品名称	生产批数（批）	每批整备次数（次/批）	整备次数合计（次）	分配率（元/次）	分配额（元）
塑料玩具					
毛绒玩具					
电子玩具					
合　计	—	—			

【业务 11.1.6】

承接业务 11.1.1～业务 11.1.5，金陵玩具公司塑料玩具、毛绒玩具、电子玩具 3 种产品的每件购货订单数分别为 100 次、200 次、700 次，请采用作业成本法填写采购成本分配表。

单据：

采购成本分配表

产品名称	购货订单数（次）	分配率（元/次）	分配额（元）
塑料玩具			
毛绒玩具			
电子玩具			
合　计			

【业务 11.1.7】

承接业务 11.1.1～业务 11.1.6，金陵玩具公司塑料玩具、毛绒玩具、电子玩具 3 种产品的每件分类次数分别为 25 次、35 次、100 次，请采用作业成本法填写分类成本分配表。

单据：

分类成本分配表

产品名称	分类次数（次）	分配率（元/次）	分配额（元）
塑料玩具			
毛绒玩具			
电子玩具			
合　计			

【业务 11.1.8】

承接业务 11.1.1～业务 11.1.7，金陵玩具公司能量作业层次的能量成本包括工厂管理人员工资、照明和热动力费用、房屋占用费、供应商（全面管理），请采用作业成本法填写能量成本分配表。

说明：能量成本以主要成本（直接材料加直接人工）为基础进行分配。分配率保留 6 位小数；分配额保留整数，若有尾差计入电子玩具。

单据：

能量成本分配表

产品名称	单位主要成本（元/件）	生产数量（件）	主要成本（元）	分配率	分配额（元）
塑料玩具					
毛绒玩具					
电子玩具					
合　计	—	—			

【业务 11.1.9】

承接业务 11.1.1～业务 11.1.8，根据前面业务编制的各个作业层次的成本分配表，采用作业成本法编制产品生产成本表。

说明：计算结果有小数位的保留 4 位小数，无小数位的保留整数。

单据：

产品生产成本表

单位：元

项　目	塑料玩具（60000 件）		毛绒玩具（30000 件）		电子玩具（6000 件）	
	单位成本	总成本	单位成本	总成本	单位成本	总成本
1. 单位作业层次	—	—	—	—	—	—
直接材料						
直接人工						
机器能量						
小　计						
2. 批作业层次	—	—	—	—	—	—
检　验						
材料处理						
整　备						
小　计						
3. 产品作业层次	—	—	—	—	—	—
采　购						
产品分类						
小　计						
4. 能量作业层次	—	—	—	—	—	—
能量成本						
合　计						

任务 11.2　产品盈利分析

【业务 11.2.1】

金陵电话机公司生产普通电话和无绳电话两种产品，客户比较稳定。公司只有一条生产线，按客户订单分批安排生产。产品成本按分批法进行核算，制造费用按人工工时进行分配。由于客户稳定，公司没有广告宣传等固定销售费用发生，只有无绳电话有售后服务费用。公司是一家老牌的电话机生产厂家，技术比较先进，管理比较完善，成本控制不错，盈利水平较高。特别是无绳电话，虽然产量较低，但利润水平较高。近年来，受到竞争对手的挑战，普通电话价格一再降低，已接近制造成本，但竞争对手价格更低；而无绳电话虽不断提高价格,但订单依然很多,销量有增加趋势。金陵电话机公司决定采用作业成本法进行产品盈利分析,请根据背景资料(见图11-3～图11-5),填写制造费用分配表(作业成本法)。

说明:产品初始售价是按成本加成定价法,以传统成本法计算的单位生产成本乘以125%计算得出的。现行售价是根据当前市场竞争情况实际执行的价格。

背景资料:

产品成本资料(传统成本法)

项　目	普通电话	无绳电话	合　计
月平均产量(部)	18000	6000	24000
单位产品直接材料成本(元/部)	40	60	—
单位产品直接人工成本(元/部)	50	80	—
月平均耗用工时(小时)	19800	7500	27300
月平均制造费用总额(元)	2574000	975000	3549000
制造费用分配率(元/小时)	130	130	130
单位产品制造费用成本(元/部)	143	162.50	—
单位产品生产成本(元/部)	233	302.50	—
产品生产总成本(元)	4194000	1815000	6009000
销售费用(售后服务总成本)(元)	0	60000	60000
经营总成本	4194000	1875000	6069000
产品初始售价(元/部)	291.25	378.125	—
现行售价(元/部)	255	405	—

图 11-3　产品成本资料(传统成本法)

作业成本资料

单位:元

作业名称	作业成本库成本
机器焊接	634800
设备调整	900000
发放材料	480000
质量抽检	720000
生产工艺和测试程序工程	814200
小计	3549000
售后服务	60000
合计	3609000

图 11-4　作业成本资料

作业成本动因资料

项　目	普通电话	无绳电话	合　计
月平均产量（部）	18000	6000	24000
月平均耗用机器焊接设备工时（小时）	9000	4800	13800
月平均生产批次（次）	2	4	6
每批产品投产前设备调整次数（次）	2	4	6
每批产品完工质量抽检次数（次）	2	4	6
工程成本分摊（%）	40	60	100
售后服务费用分摊（%）	0	100	100

图 11-5　作业成本动因资料

单据：

制造费用分配表（作业成本法）

项　目	作业成本库成本	分配标准	总的分配基础	分配率	普通电话的分配基础	普通电话成本	无绳电话的分配基础	无绳电话成本
机器焊接	634800	机器工时						
设备调整	900000	设备调整次数						
发放材料	480000	发放材料次数						
质量抽检	720000	质量抽检次数						
工程	814200	比例分摊						
售后服务	60000	比例分摊						

【业务 11.2.2】

承接业务 11.2.1，请填写直接材料与直接人工成本计算表。

单据：

直接材料与直接人工成本计算表

项　目	普通电话	无绳电话
月平均产量（部）		
单位产品直接材料成本（元/部）		
直接材料成本（元）		
单位产品直接人工成本（元/部）		
直接人工成本（元）		

【业务 11.2.3】

承接业务 11.2.1 和业务 11.2.2,请填写产品成本计算表(作业成本法)。

单据:

产品成本计算表（作业成本法）

单位：元

项　目	普通电话	无绳电话
直接材料成本		
直接人工成本		
机器焊接		
设备调整		
发放材料		
质量抽检		
工程		
售后服务		
合　计		

【业务 11.2.4】

承接业务 11.2.1～业务 11.2.3,请填写产品盈利分析表。

说明:计算结果有小数位的保留两位小数,无小数位的保留整数。

单据:

产品盈利分析表

项　目	传统成本法		作业成本法	
	普通电话	无绳电话	普通电话	无绳电话
月平均产量（部）				
产品生产总成本（元）				
单位生产成本（元/部）				
现行售价（元/部）				
成本利润率（%）				

【业务 11.2.5】

(多选题)承接业务 11.2.1～业务 11.2.4,根据上述计算结果可以得出的结论有(　　)。

A. 普通电话竞争力弱、无绳电话竞争力强的产生原因是传统成本法扭曲了成本

B. 公司应当重新考虑现行售价

C. 无绳电话成本过高是因为每月安排的生产批次过少

D. 公司应与客户协商,增加订货批量,减少生产批次

【业务 11.2.6】

金陵软件公司生产视频软件和监控软件两种产品,直接人工、直接制造费用、间接制造费用均按生产工时分配。请根据背景资料(见图 11-6 和图 11-7),采用传统成本法计算两种完工产品的总成本和单位成本,填写产品成本计算表(传统成本法)。

说明:分配率和单位成本均保留两位小数。

背景资料:

产品成本资料

项　目	视频软件	监控软件	合　计
生产批号	601	602	—
开工日期	2017-06-01	2017-06-01	—
完工日期	2017-06-30	2017-06-30	—
产量(件)	2400	1200	—
直接材料(元)	117120	99480	216600
直接人工(元)	—	—	78300
生产工时(小时)	5200	3800	9000
直接制造费用(元)	—	—	84240
间接制造费用(元)	—	—	164700

图 11-6　产品成本资料

间接制造费用追溯表

费用项目	可追溯资源耗用量(元)	视频软件作业量(次)	监控软件作业量(次)
产品设计	51480	30	36
设备调整	36480	45	75
物料搬运	23460	168	108
质量检验	19680	90	115
设备维修	33600	60	80

图 11-7　间接制造费用追溯表

单据：

产品成本计算表（传统成本法）

项　目	视频软件	监控软件	分配率	合　计
生产工时（小时）			—	
直接材料成本（元）			—	
直接人工成本（元）				
直接制造费用（元）				
间接制造费用（元）				
总成本（元）			—	
产量（件）			—	—
单位成本（元/件）			—	

【业务 11.2.7】

承接业务 11.2.6，请采用作业成本法，计算视频软件、监控软件两种产品应负担的间接制造费用，填写间接制造费用分配表（作业成本法）。

单据：

间接制造费用分配表（作业成本法）

作业名称	资源耗用量（元）	视频软件作业量（次）	监控软件作业量（次）	分配率（元/次）	视频软件作业成本（元）	监控软件作业成本（元）
产品设计						
设备调整						
物料搬运						
质量检验						
设备维修						
合　计	—			—		

【业务 11.2.8】

承接业务 11.2.6 和业务 11.2.7，请采用作业成本法，计算视频软件、监控软件两种产品的总成本和单位成本，填写产品成本计算表（作业成本法）。

说明：单位成本保留两位小数。

单据：

产品成本计算表（作业成本法）

项　目	视频软件	监控软件
直接材料（元）		
直接人工（元）		
直接制造费用（元）		
间接制造费用（元）		
其中：产品设计		
设备调整		
物料搬运		
质量检验		
设备维修		
总成本（元）		
产量（件）		
单位成本（元/件）		

【业务 11.2.9】

承接业务 11.2.6～业务 11.2.8，金陵软件公司生产的视频软件售价为 155 元/件，监控软件售价为 244 元/件，视频软件发生销售费用 11200 元，监控软件发生销售费用 8700 元。假设两种产品均处于成长阶段，产销量一致。公司打算选择其中一种利润率较高的产品扩大产量，请计算两种产品的成本利润率，据此做出经营决策，填写产品盈利分析与决策表。

说明：成本利润率保留两位小数。

单据：

产品盈利分析与决策表

项　目	传统成本法		作业成本法	
	视频软件	监控软件	视频软件	监控软件
销售收入（元）				
减：销售成本（元）				
销售费用（元）				
销售利润（元）				
成本利润率（%）				
是否扩产（填写"是"或"否"）				

任务 11.3　资源约束下的生产决策

【业务 11.3.1】

金陵服饰公司主要生产夹克、西服和衬衣 3 种产品,公司预先取得的长期资源是与缝纫作业相关的各类缝纫设备和厂房。各种产品的作业成本见图 11-8,公司预测的 2017 年第 2 季度销售量见图 11-9。公司当然愿意实现最高销售量,以获得最大利润。但公司能否实现最高销售量关键在于资源提供作业产出的能力,即资源供应量的大小。在 3 种产品耗用的各项作业中,缝纫作业及其资源供应量是影响产品产量的瓶颈。已知缝纫作业每季度可提供的缝纫工时为 24000 小时。请根据背景资料计算最低销售量下的作业量,填写最低销售量下的缝纫作业量计算表。

说明:最低销售量根据长期合同预测,最高销售量根据长期合同和临时订单预测。计算结果有小数位的保留两位小数,无小数位的保留整数。

背景资料:

作业成本计算表

项　目	夹克（件）			西服（套）			衬衣（件）		
	耗用量	单　价	成本（元）	耗用量	单　价	成本（元）	耗用量	单　价	成本（元）
直接材料:	—	—	—	—	—	—	—	—	—
主要材料	2.5m²	16 元/m²	40	4.5m²	40 元/m²	180	2m²	25 元/m²	50
辅助材料	3m²	15 元/m²	45	5m²	14 元/m²	70			
其他材料			4			10			2
作业成本:	—	—	—	—	—	—	—	—	—
裁剪	0.2 小时	80 元/小时	16	0.6 小时	80 元/小时	48		80 元/小时	8
缝纫	0.5 小时	180 元/小时	90	1.5 小时	180 元/小时	270		180 元/小时	36
质量检验	0.05 小时	60 元/小时	3	0.1 小时	60 元/小时	6	0.05 小时	60 元/小时	3
包装	0.1 小时	50 元/小时	5	0.2 小时	50 元/小时	10	0.1 小时	50 元/小时	5
设施管理	0.02 小时	100 元/小时	2	0.02 小时	100 元/小时	2	0.02 小时	100 元/小时	2
单位成本合计	—	—	205	—	—	596	—	—	106
销售单价	—	—	325	—	—	950	—	—	156
贡献毛益	—	—	120	—	—	354	—	—	50
贡献毛益率	—	—	36.92%	—	—	37.26%	—	—	32.05%

图 11-8　作业成本计算表

2017 年第 2 季度销售预测

产品名称	预计最低销售量	预计最高销售量
夹克（件）	10000	18000
西服（套）	5000	12000
衬衣（件）	12000	30000

图 11-9　2017 年第 2 季度销售预测

单据：

最低销售量下的缝纫作业量计算表

产品名称	销售量（件或套）	单件作业量（小时/件或套）	总作业量（小时）
夹克			
西服			
衬衣			
合计	—	—	

【业务 11.3.2】

承接业务 11.3.1,请计算最高销售量下的作业量,填写最高销售量下的缝纫作业量计算表。

说明：计算结果有小数位的保留两位小数,无小数位的保留整数。

单据：

最高销售量下的缝纫作业量计算表

产品名称	销售量（件或套）	单件作业量（小时/件或套）	总作业量（小时）
夹克			
西服			
衬衣			
合计	—	—	

【业务 11.3.3】

承接业务 11.3.1 和业务 11.3.2,请计算单位缝纫作业产出贡献毛益,填写单位作业贡献毛益计算表。

说明：计算结果有小数位的保留两位小数,无小数位的保留整数。

单据：

单位作业贡献毛益计算表

产品名称	单位产品贡献毛益 （元/件或套）	单位产品耗用缝纫作业 （小时/件或套）	单位缝纫作业贡献毛益 （元/小时）
夹克			
西服			
衬衣			

【业务 11.3.4】

承接业务 11.3.1～业务 11.3.3，公司在保证长期合同确定的最低销售量的基础上，按照缝纫作业贡献毛益安排剩余作业量，请填写生产决策表。

说明：每件（或套）产品的生产量不能低于最低销售量，不能高于最高销售量。计算结果有小数位的保留两位小数，无小数位的保留整数。

单据：

生产决策表

项 目	夹克	西服	衬衣	合 计
单位缝纫作业贡献毛益（元/小时）				—
单位产品耗用缝纫作业（小时/件或套）				—
最低销售量（件或套）				
最低销售量下的总作业量（小时）				
现有资源可提供总作业量（小时）				
剩余作业量（小时）				
临时订单销售量（件或套）				—
临时订单需要的作业量（小时）				
剩余作业量分配（小时）				
剩余作业可增加产量（件或套）				—
最终安排产量（件或套）				—